THÈSE

POUR LE DOCTORAT

DE

L'ABSENCE RELATIVEMENT

AU

CONJOINT PRÉSENT

PAR

René COLLET

THÈSE POUR LE DOCTORAT

Présentée et soutenue le mardi 30 octobre 1900, à 9 heures

Président : M. PLANIOL, *professeur*

Suffragants { MM. Léon MICHEL / MASSIGLI } *professeurs*

PARIS

LIBRAIRIE DE LA SOCIÉTÉ DU RECUEIL GÉNÉRAL DES LOIS ET DES ARRÊTS
ET DU JOURNAL DU PALAIS
Ancienne Maison L. LAROSE ET FORCEL
22, *rue Soufflot,* 22
L. LAROSE, DIRECTEUR DE LA LIBRAIRIE

1900

UNIVERSITÉ DE PARIS. — FACULTÉ DE DROIT

DE
L'ABSENCE RELATIVEMENT
AU
CONJOINT PRÉSENT

PAR

René COLLET

THÈSE POUR LE DOCTORAT

Présentée et soutenue le mardi 30 octobre 1900, à 9 heures

Président : M. PLANIOL, *professeur*

Suffragants ⎰ MM. Léon MICHEL ⎱ *professeurs*
⎱ MASSIGLI ⎰

PARIS

LIBRAIRIE DE LA SOCIÉTÉ DU RECUEIL GÉNÉRAL DES LOIS ET DES ARRÊTS
ET DU JOURNAL DU PALAIS
Ancienne Maison L. LAROSE ET FORCEL
22, *rue Soufflot, 22*
L. LAROSE, DIRECTEUR DE LA LIBRAIRIE

1900

INTRODUCTION HISTORIQUE

I

DROIT ROMAIN

Nous n'avons pas l'intention de donner dans cette intro-
duction une place bien considérable au droit romain, et cela
pour deux raisons.

C'est d'abord que l'époque classique ne nous offre aucun
texte qui se rapporte directement à notre sujet ; les textes
apparaissant seulement au bas empire.

En second lieu, les solutions que nous trouvons à cette
époque et qui sont relatives spécialement à l'influence de
l'absence sur le lien du mariage, ont été manifestement
inspirées par le christianisme. Or le droit canonique a régné
en France de manière prépondérante sur cette matière
jusqu'à la Révolution de 1789, de telle sorte que si nous
trouvons entre le droit de Justinien et notre ancien droit des
principes communs, cela provient non pas de ce que la
législation de cet empereur Byzantin a eu une influence
quelconque sur le droit français, mais bien plutôt de ce que
l'Eglise après avoir imposé aux empereurs chrétiens plusieurs

solutions, telles que la prohibition du second mariage en cas d'absence, a réussi d'autre part à les faire prévaloir en France.

On ne trouve à l'époque classique, avons-nous dit, aucun texte relatif à notre sujet. Nous ne croyons pas, en effet, devoir faire état de la loi 6 au Digeste, liv. XXIV, tit. ii de *divortiis et repudiis* souvent citée. On est aujourd'hui d'accord pour reconnaître que cette loi n'est que l'expression du droit de Justinien. Il s'agissait là uniquement d'une exception introduite par Julien « propter reverentiam patronum » et dont les compilateurs du Digeste ont fait par voie d'interpolation une règle générale.

Tout ce qu'on peut considérer comme probable c'est que pendant de longs siècles l'absence ne fut pas distinguée de la captivité qui devait être le cas le plus fréquent, et qu'elle en produisait les effets. Le mariage de l'absent comme celui du captif était dissous de manière définitive, du moins dans le cas le plus général de mariage sans *manus*. Elle était incontestablement une cause de divorce.

Avec Constantin nous voyons apparaître le premier texte qui se rapporte, d'une façon non douteuse, aux effets de l'absence proprement dite sur le mariage. Dans la constitution 7 au code, liv. V, tit. xvii, de l'an 337, cet empereur décide que la femme du militaire qui n'avait pas de nouvelles de son mari depuis 4 ans peut se remarier sans encourir de peine. Justinien, par la novelle 22, chap. xiv, porta ce délai à 10 ans ; puis par la novelle 127, chap. xi, il interdit de passer à un second mariage sans avoir de preuve certaine du décès de l'absent. Par cette même novelle, Justinien institue toute une procédure pour faire vérifier le décès avant de permettre à la femme de se remarier. Il vient de dire que des doutes sur la vie ne suffisent pas à la femme.

du militaire pour se remarier, et il ajoute : « Si qua vero ex hujusmodi mulieribus suum maritum audierit esse mortuum, neque tunc ad alias venire nuptias sinimus nisi prius accesserit mulier, aut per se aut per suos parentes, aut per aliam quamcumque personam ad priores numeri chartularios in quo hujusmodi maritus militabat ; et eos seu tribunum (si tamen adest) interrogaverit, si pro veritate mortuus est ejus conjux : ut illi sacris evangeliis propositis sub gestis monumentorum deponant, si pro veritate vir mortuus est. Et postquam hæc gesta monumentorum confecta pro suo testimonio perceperit, etiam post hoc jubemus manere eam per unius anni spatium, ut etiam post hunc decursum, liceat legitimas contrahere nuptias. Si autem præter hanc observationem mulier præsumpserit ad alium venire matrimonium et ipsa et qui ducit eam uxorem velut adulteri puniantur ».

Nous pouvons encore trouver une solution relative au mariage de l'enfant qui se trouvait sous la puissance de l'absent. Nous avons au Digeste les lois 9, 10 et 11 du liv. XXIII, tit. II, de *ritu nuptiarum* qui décident que le fils ou la fille, dont le père, sous la puissance duquel ils sont, est absent ou captif, peuvent se marier, sans son consentement, après un délai de 3 ans. Il est admis aujourd'hui que ce délai de 3 ans a été établi par Justinien seulement et qu'à l'époque classique aucun délai n'était imposé. L'interpolation est démontrée pour les captifs d'une façon directe par un texte de Tryphoninus, la loi 12, § 3 digeste, liv. XLIX, tit. XV, que les compilateurs du digeste ont oublié d'interpoler.

Telles sont les solutions que nous fournit le droit romain, cela est fort loin, comme on le voit, de composer un système complet.

Voyons maintenant si notre ancien droit français va nous fournir une théorie juridique complète sur l'absence et spécialement sur la partie de l'absence que nous traitons, c'est-à-dire l'absence relativement au droit des gens mariés.

II

ANCIEN DROIT

Il a été souvent dit que l'ancien droit n'avait, en la matière de l'absence, produit aucune théorie générale mais seulement des solutions d'espèce souvent peu concordantes et insuffisantes dans tous les cas pour former un ensemble harmonique.

En effet ni dans les textes législatifs ni dans les auteurs on ne peut trouver la construction juridique de l'absence ; mais cela ne veut pas dire cependant que les idées dominantes ne fussent pas dégagées et connues, loin de là. Principalement dans la matière qui nous occupe, le code civil a peu innové ; et n'a fait pour ainsi dire que préciser certains points et rejeter certaines solutions qui lui semblaient dangereuses. Voyons tout d'abord quels furent les effets de l'absence sur le lien du mariage pour passer ensuite à l'étude des conséquences qu'elle entraînait sur les conventions matrimoniales.

Le grand principe établi dans notre ancienne France et qui a régi tout notre droit matrimonial jusqu'à la révolution, c'est l'indissolubilité absolue du mariage. Depuis une époque impossible à déterminer, mais que l'on pourrait faire remonter peut-être au ix° siècle, l'Eglise l'a fait triompher, supplantant en cette matière le droit romain qui depuis longtemps reconnaissait le divorce. L'Eglise était poussée à implanter cette indissolubilité pour plusieurs raisons.

L'idée morale tout d'abord qui lui avait été suggérée par le spectacle des désordres de l'empire romain. Mais cette idée morale fut par elle renfermée dans une idée religieuse : « L'union sanctifiée par le sacrement est voulue et conçue comme indissoluble ». Idée religieuse qui prenait sa base dans les livres saints et dans les écrits des pères de l'Eglise et surtout dans saint Paul. L'indissolubilité du mariage, c'est, pourrait-on dire, la mise en pratique de cette phrase : « quod Deus conjunxit, homo non separet ».

Indissolubilité, cela a voulu dire depuis lors que le lien du mariage ne pouvait être rompu que par la mort naturelle d'un des époux.

Ce principe, qui ne fut jamais discuté et régna en maître jusqu'à la révolution de 1789, commandait la solution en matière d'absence. Voici du reste les deux textes principaux qui consacrent ce principe. Le premier est un passage d'une décrétale de Clément III, chap. xvi extra. de sponsalibus, cité par Pothier, traité du contrat de mariage part. iii, chap. ii, art. 3, n° 106 :

Ce pape étant consulté : « De mulieribus quæ viros suos captivitatis vel peregrinationis causa absentes ultra septennium fuerint præstolatæ ; nec certificari possunt de vita aut morte ipsorum, licet super hoc, sollicitudinem adhibuerint diligentem, et pro juvenili ætate, seu fragilitate carnis humanæ nequeunt continere, petentes aliis copulari, respondit : quod quantocumque annorum spatio ita remaneant, non possunt ad aliorum consortium canonice convolare, nec auctoritate Ecclesiæ permittas contrahere donec certum nuntium recipiant de morte virorum ».

Le second texte est un arrêt du parlement de Paris du 9 février 1640 portant règlement sur le mariage des hommes et des femmes veufs et rapporté par Henrys, t. II, p. 589, liv. IV, chap. vi, question 98, de la polygamie. Par cet arrêt, le parlement « fait inhibition et défenses à tous curés, prêtres et vicaires de passer outre à la célébration d'aucun mariage de parties qui se diront être en viduité sans auparavant avoir certificats signés des curés et juges des lieux en bonne et due forme que le mari ou la femme de ceux qui se présenteront pour être mariés soient décédés ; sinon que les dits curés, prêtres ou vicaires qui célébreront les dits mariages aient certaine connaissance du dit décès et dont autrement ils demeureront responsables ».

Le mariage subsistait jusqu'à la mort naturelle d'un des conjoints. Tant que cette mort n'était pas certaine, l'époux présent devait se considérer comme lié ; jamais l'absence, l'incertitude sur l'existence du disparu ne pouvait servir de cause à une dissolution du mariage, de prétexte à une seconde union. Sur cette première solution tous les auteurs sont d'accord, aucune objection n'a jamais été soulevée. On a discuté le mode de preuve que l'époux présent devait fournir de la mort de son conjoint pour être admis à se remarier. On a recherché ce que devait être ce « certus nuntius » exigé par le pape Clément III. Mais dans la théorie plus douce qui se rattache au nom de Sanchez comme dans celle de Pothier, le point hors de doute est que l'époux doit prouver la mort de l'absent, c'est-à-dire la cessation de l'absence pour pouvoir passer à un second mariage.

Mais supposons qu'un second mariage ait été contracté,

soit que l'épouse présente ait été abusée par des certificats erronés de la mort de son mari, soit que de mauvaise foi elle ait, par une ruse, réussi à surprendre la religion de son curé. Que se passait-il alors? Quel allait être le sort de ce mariage contracté au mépris des lois ?

Ici encore l'idée d'indissolubilité du mariage commandait la solution. Un mariage en apparence régulier avait été célébré ; à l'heure présente nul ne pouvait dire s'il était valable ou s'il ne l'était pas. On ne pouvait donc pas rompre une telle union tant qu'il n'était pas prouvé qu'elle constituât un adultère.

Telle fut bien en effet la solution à laquelle s'arrêta notre ancienne jurisprudence (1). Cette théorie a été exposée de de façon très nette par l'avocat général Gilbert dans l'espèce suivante rapportée par Denisart (2) et que nous citons ici tant elle est caractéristique.

Jeanne Fabri avait épousé, en 1706, un sieur Donier et, en 1714, s'était remariée à Claude Billion en se donnant comme veuve mais sans s'être munie des preuves légales du décès de son premier mari. Claude Billion décéda en 1722 sans enfants et institua sa femme son héritière universelle.

Marguerite Billion, sœur du testateur, et Dominique Maupetit, son mari, interjetèrent appel comme d'abus du mariage de Jeanne Fabri avec Claude Billion, prétendant être en état de prouver qu'à l'époque de ce mariage, Donier, premier mari de Jeanne Fabri, vivait encore, mais sans

(1) Affaire Colliquet (arrêt du 25 janvier 1694) rapportée par d'Aguesseau qui y prit la parole (d'Aguesseau 23e plaidoyer). Voir aussi les paroles de Saint-Fargeau dans une affaire Le Blant, du 24 janvier 1760.

(2) Nouveau Denisart. V°. absent.

offrir de faire preuve qu'il fût vivant dans le temps même où ils poursuivaient leur appel. Maupetit étant décédé peu de temps après, sa veuve reprit et continua la procédure en son nom seul.

Voici quel fut le langage de Gilbert, avocat général, portant la parole dans cette affaire, langage tant de fois cité lors de la discussion du code civil.

« Comme la vérité est toujours présente aux yeux de Dieu, ce n'est pas de la situation apparente ou présumée des contractants que dépend la validité de leur mariage, c'est de celle où ils se trouvent en effet. Pour empêcher le lien de se former, il faut de nécessité absolue un empêchement dirimant et qu'il soit réel. Sans cela, le sacrement opère toujours son effet et produit un engagement indissoluble. C'est sur ce principe qu'on juge perpétuellement dans les questions de mariage, quoique les hommes qui en jugent ne puissent le faire que sur ce qui leur paraît....,...

« Mais s'il en est ainsi, comme on n'en saurait douter, est-il permis de déclarer nul un second mariage, sur le fondement d'un premier, tant qu'il est douteux si ce premier subsiste encore ? L'esprit des lois ecclésiastiques qui mettent obstacle à la témérité de ceux qui se présument libres trop légèrement, ne condamne-t-il pas aussi la précipitation avec laquelle on se porterait à déclarer nul un second engagement qui peut être légitime ?

« Cette réflexion conduit naturellement à distinguer le cas où il s'agit de permettre ou d'empêcher la célébration d'un second mariage et celui où il s'agit de statuer lorsqu'elle est déjà faite.

« Dans le premier cas, il n'y a point à douter ; il faut aller au plus sûr et exiger la preuve la plus certaine.

« Dans le second on doit douter autant qu'on le peut

convenablement, ou s'il faut prendre parti, choisir celui qui entraîne le moins d'inconvénients. Et quel est en général celui qui en entraîne le moins ? C'est celui qui laisse subsister les choses en l'état où elles se trouvent. Dans le doute et l'obscurité y a-t-il comparaison à faire entre laisser deux personnes dans l'espèce de bonne foi où l'ignorance de fait les met, et arracher une femme d'entre les bras d'un mari qui en est en possession, troubler l'état d'une famille, mettre tout en confusion dans la société civile et cela sur la présomption d'un fait incertain et qui même vraisemblablement n'est point.....»

La Cour, par arrêt du 23 juillet 1723, déclara la veuve Maupetit non recevable dans son appel comme d'abus ; en conséquence, ordonna que les testament et codicille de Claude Billion seraient exécutés.

Comme on le voit, l'avocat général Gilbert indiqua de façon très nette que la règle de l'indissolubilité doit protéger même le mariage du conjoint présent contracté sans avoir rapporté la preuve de la mort de l'absent.

Mais il pouvait se faire que l'absent revînt ou fît savoir de ses nouvelles après que son conjoint était ainsi engagé dans un nouveau mariage ; que se passait-il dans ce cas ?

Dans ce cas, nous disent les auteurs, l'époux devait quitter son second conjoint et retourner avec le premier.

C'est la décision de Luce III, cap. *Dominus extrav. de secundis nuptiis* (1181) (1), et c'est cette solution qui a

(1) Voici le texte de Luce III cité par Héricourt : « les lois ecclésiastiques de France », 3ᵉ partie, chap. v, art. 2, § 56 : « Sane super matrimoniis, quæ quidam ex vobis, nondum habita obeuntis conjugis certitudine, contraxerunt : id vobis respondemus, ut nullus amodo ad secundas nuptias migrare præsumat, donec ei constet quod ab hac vita migraverit conjux ejus. Si vero aliquis vel aliqua

prévalu. Pothier nous dit d'autre part : « Si, par la suite, l'erreur vient à se découvrir, le deuxième mariage, contracté quoique de bonne foi avant la dissolution du premier, sera déclaré nul (1). »

Il s'agissait ici d'une nullité d'ordre public et qui sans aucun doute pouvait être intentée par tout intéressé. Nous trouvons un arrêt qui a décidé que ce second mariage était nul et ne faisait pas obstacle, bien que la nullité n'en ait pas été prononcée judiciairement, à un troisième mariage contracté après la dissolution du premier (2).

Il ne faudrait pas dire cependant qu'un tel mariage fût dénué d'effets. S'il a été contracté de bonne foi par les parties, les enfants qui en naissent sont réputés légitimes. « Tout l'effet de la bonne foi, dit Pothier (3), avec laquelle les parties ont contracté le second mariage est que, quoiqu'il soit nul, les enfants qui en sont nés ne sont pas réputés bâtards et qu'en considération de cette bonne foi ils ont dans les successions de leurs père et mère les mêmes droits qu'ont les enfants nés en légitime mariage. »

(Voir dans le même sens un arrêt du 13 juin 1676 rapporté au *Journal des audiences*, tome I, page 67, liv. VIII, chapitre XLII).

---

id hactenus non servavit et de morte prioris conjugis adhuc sibi existimat dubitandum, ei quæ sibi nupsit debitum non deneget postulanti, quod a se tamen noverit nulla tenus exigendum. Quod si post hac de prioris conjugis vita constiterit, relictis adulterinis complexibus ad priorem conjugem revertatur ».

(1) POTHIER, *Traité du contrat de mariage*. Part. 3, ch. II, art. 3 n° 104.

(2) *Journal des audiences*, t. V, p. 57, liv. I, ch. XXIV. Affaire Chachignon contre Fournier.

(3) POTHIER, *loc cit.*

La femme restant mariée, bien que son mari fût en état d'absence, elle demeurait incapable de s'obliger sans autorisation et devait avoir recours au juge pour suppléer celle du mari. Telle est la solution de Pothier dans son traité de la puissance du mari, 1re partie, section 2, § 5, n° 27. « Car, ajoute-t-il, ne pouvant pas être délivrée de la puissance de son mari que par la mort naturelle ou civile de celui-ci, ni par conséquent recouvrer sans cela le pouvoir de contracter sans autorisation qu'elle a perdu en se mariant, elle ne pourrait pas établir la validité des contrats et autres actes qu'elle aurait faits sans autorisation, faute de pouvoir prouver que lorsqu'elle a fait ces actes, son mari était mort et qu'elle avait le pouvoir de contracter sans autorisation. »

Mais Pothier restreint lui-même la portée de cette règle et croit valables les contrats et autres actes de pure administration relatifs aux biens de son mari et aux siens, même s'ils ont été faits sans autorisation. Cependant il conseille, même dans ce cas, de recourir à l'autorisation de justice.

Nous pouvons ajouter encore que la femme s'oblige valablement sans autorisation pour ses aliments et aussi, comme nous le verrons plus loin, pour doter les enfants issus de son mariage avec l'absent (1).

Si nous passons maintenant aux effets de l'absence sur les conventions matrimoniales, nous aurons plus de mal de dégager une théorie bien nette des opinions un peu divergentes des auteurs.

Il est un point cependant que nous ne croyons pas douteux. C'est que pendant tout le temps qui s'écoulait entre la disparition et la demande d'envoi en possession des héri-

---

(1) Cf. Bourjon, 4e partie. *De la communauté,* ch. IV, section III, n° 14, t. I, p. 586.

tiers présomptifs de l'absent, la femme avait en pratique l'administration non seulement de ses biens personnels, mais encore des biens de la communauté et du patrimoine propre du mari.

C'est ce que nous dit Duplessis, vol. II, page 190, sur l'article 287 de la coutume du Maine. Cet article permettait, en cas d'absence, aux héritiers présomptifs de l'absent de se faire envoyer en possession de ses biens après sept ans. Pendant ces sept ans, dit-il, le patrimoine de l'absent sera régi par un curateur et il ajoute : « Si toutefois l'absent avait laissé sa femme vivante au pays, qui fut en communauté avec lui, on n'aura que faire de faire nommer un curateur à l'absence pendant ces sept années (1) parce que la femme jouira de tout à cause de la communauté et pourra intenter toutes actions en se faisant autoriser par la justice. Et après les sept ans écoulés auquel temps les héritiers de l'absent pourront appréhender ses biens, elle sera tenue de leur rendre compte des fruits des propres du mari qu'elle a perçus depuis son absence qui seront pris sur toute la masse de la communauté; car, en ce cas, l'absent est réputé mort du jour qu'il n'aura été vu dans le pays et non point seulement du jour des sept ans accomplis. »

Ainsi, on le remarque, la communauté continue en fait pendant un temps plus ou moins long suivant les pays, puis elle est dissoute et liquidée entre l'époux présent et les

(1) Il faut remarquer que le temps après lequel les héritiers pouvaient demander l'envoi en possession des biens de l'absent était très variable suivant les coutumes ; il était de 3 ans dans le Hainaut, le parlement de Toulouse réclamait 9 ans, celui de Bretagne 10 ans, Paris 5 ans seulement. V. Bretonnier : questions de droit « des absents ».

héritiers de l'absent, dissoute avec effet rétroactif et la liquidation en sera faite selon l'état où elle se trouvait au jour de la disparition ou des dernières nouvelles.

Pothier, dans son traité de la communauté, 3e partie, chap. I, art. 1, n° 505, déclare au contraire que la communauté sera réputée dissoute, du jour de la demande d'envoi en possession que les héritiers présomptifs de l'absent auront formée contre sa femme ou de celle qu'elle aura formée contre eux. « On ne peut pas prétendre qu'elle ait été dissoute plus tôt, dit Pothier, faute de pouvoir prouver le temps [de la mort de l'absent qui en ait opéré la dissolution. »

Du reste, le même auteur, commentaire de la coutume d'Orléans, t. II, tit. xvii, sect. 5, art. 1, n° 37, nous déclare que la question de savoir quand était ouverte la succession de l'absent était très discutée, et il rapporte les deux avis, les uns voulant que ce fût du jour de la disparition ou des dernières nouvelles, les autres du jour seulement de l'envoi en possession provisoire.

Le président de Lamoignon dans ses arrêtés semble bien adopter pareille solution. Il admet (arrêts de Lamoignon, tit. vi des absents, art. 1 à 4) après cinq ans, un partage provisionnel des biens de l'absent, entre les héritiers présomptifs de celui-ci et sa femme ; celle-ci, dit-il, pourra obtenir alors la délivrance de son douaire et de ses autres conventions matrimoniales, à charge du reste de donner caution.

Cependant il est probable que le douaire et les autres gains de survie n'étaient pas en général délivrés à la femme lors de l'envoi en possession. « Il faut, dit Bretonnier, distinguer entre la dot et les autres conventions matrimoniales. Pour la dot, comme c'est le patrimoine propre de la femme il y a justice à lui rendre après un temps raisonnable, en général cinq ans. Quant aux autres conventions, douaire, préciput, communauté, augment, bagues et joyaux, don de survie, il est juste que la femme attende plus longtemps à les demander, dix ans semblent raisonnables. »

Les textes que nous venons de citer sembleraient bien indiquer que les héritiers du mari devront partager avec la femme les biens de communauté, en un mot régler leurs droits avec celle-ci de la même manière que si l'absent était mort au jour de sa disparition. Cependant, cette solution si équitable n'était pas suivie en général, tout au moins si nous devons en croire les assertions produites par les rédacteurs du code civil. Il a été dit et répété à cette époque que l'envoi en possession des héritiers du mari absent comprenait même les biens de communauté dont ils devenaient comptables envers lui pour le cas de son retour.

C'est ce qui est affirmé par Bigot-Préameneu dans son discours au Corps législatif : « Dans le cas où l'époux présent demande la dissolution de la communauté, l'usage ancien sur l'exercice des reprises et des droits matrimoniaux de la femme était abusif. Il y avait une liquidation mais tous les biens restaient dans les mains des héritiers envoyés en possession ; le motif était que si le mari reparaissait, la communaué serait regardée comme n'ayant pas été dissoute et que ce serait à eux à lui rendre compte de tous les biens qui la composaient. »

Comme on le voit, tout ceci n'est pas bien concordant, comme il arrive toujours lorsqu'en l'absence de texte législatif la doctrine est obligée de bâtir une théorie complète ; mais nous avons tenu à montrer que les idées qui, nous allons le voir, ont été codifiées par le législateur de 1804, ne sont pas toutes des innovations, et que même si la pra-.

tique en repoussait plusieurs, elles avaient cependant déjà trouvé place dans les ouvrages des jurisconsultes antérieurs.

Il n'est pas jusqu'à la continuation de la communauté dont on ne pourrait peut-être trouver l'origine dans un passage de Bourjon où cet auteur soutient que l'absent étant réputé vivre jusqu'à cent ans, la communauté entre lui et sa femme subsiste jusqu'à cette époque sous l'administration de la femme de laquelle on exige caution. Bourjon prétend qu'il fut ainsi jugé au Châtelet le 23 juillet 1715 et une autre fois en 1748. Mais, ajoute-t-il, pour le douaire et les gains de survie, il faut survie constante pour faire ouverture à ces droits et la simple présomption n'est pas quant à cela suffisante (1).

Quant à l'état des enfants laissés par l'absent à son départ, les solutions ne sont pas très nettes non plus. Il est bien probable que la puissance paternelle durait malgré l'absence jusqu'à ce que l'absent ait atteint l'âge de cent ans, mais on avait admis des tempéraments à cette solution.

Les enfants avaient droit de se marier après trois ans d'absence, conformément au droit de Justinien que nous avons vu plus haut (2). Notons que d'après Bourjon la mère s'oblige valablement sans autorisation pour l'établissement de ses enfants lorsque le mari est absent et que la dot est proportionnée à son état et à sa fortune ; ajoutons que

(1) Bourjon, titre viii des absents, chap. ii, n° 4.

(2) « Mais, ajoute Bretonnier qui donne cette solution, il serait préférable d'ordonner que les enfants d'un père absent ne pourront se marier que du consentement de leur mère, et si elle est décédée, de l'avis de six des plus proches parents, avis homologué en justice avec connaissance de cause. »

d'après cet auteur elle ne pouvait avantager un des enfants au préjudice des autres.

Enfin, si les enfants de l'absent étaient encore mineurs, leur mère avait l'administration de leur personne et de leurs biens et si la mère était morte ou incapable d'administrer, un an après la disparition du père on leur nommait un tuteur.

Telles sont les solutions probables de l'ancien droit sur notre sujet, mais il faut remarquer que ces solutions ne furent jamais admises par tout le monde, ni appliquées par tous les tribunaux. Elles ont varié et avec les parlements et avec les époques, disons aussi avec les espèces. En cette matière où aucun texte ne liait le juge, il était tout naturel que celui-ci jugeât uniquement selon le sentiment qu'il se faisait de l'équité, selon que les parties semblaient plus ou moins dignes d'intérêt. En un mot, c'était l'arbitraire et on comprend que, devant ce manque de fixité et de netteté Bourjon pouvait dire avec raison qu'il n'était pas de matière où le besoin d'une bonne loi se fît plus sentir.

Nous allons voir si le Code civil a réalisé ce vœu.

CHAPITRE PREMIER

L'ABSENCE RELATIVEMENT AU LIEN DU MARIAGE

Nous abordons maintenant l'étude du Code civil, mais il est bien clair que nous n'avons pas l'intention de faire ici une théorie générale de l'absence, aussi allons-nous entrer directement dans le sujet spécial que nous traitons, sans nous attarder à des généralités inutiles. Ii faut cependant auparavant dégager un point essentiel, sur lequel se base tout le système du Code civil en matière d'absence. Dans toutes les périodes que l'on traverse depuis la disparition, ce qui caractérise l'absence, c'est l'incertitude absolue où l'on est sur le point de savoir si l'absent est mort où s'il existe encore. A aucun moment l'absent n'est réputé mort, il n'y a jamais présomption légale qu'il le soit. Ceci n'a, du reste, jamais été mis en doute, lorsqu'il s'agit spécialement du mariage contracté par l'absent, et on peut dire que même relativement aux biens, la théorie de Proudhon sur la présomption de mort de l'absent est abandonnée complètement aujourd'hui.

Dans cette incertitude qu'allait-il advenir du conjoint que l'absent laissait ainsi seul? De graves questions se posaient ; pouvait-on rompre son mariage, en autoriser un second ? ou bien au contraire était-il préférable de rester dans le *statu quo*, et d'attendre pour permettre une deuxième union que la certitude soit faite, et qu'on soit assuré que ce n'est plus d'absence qu'il s'agit mais de mort. Disons tout de suite que le Code civil a suivi sur ce point la théorie de l'ancien droit. Jamais l'absence si longue soit-elle, ne pourra être une cause de dissolution du mariage. Le mariage ne se dissout que par la mort ou le divorce (art. 147); l'absence n'équivaut jamais à la mort prouvée.

Si nous examinons un instant ce principe, nous allons en voir sortir des conséquences fort importantes.

La première, c'est que tant que durera l'absence, le conjoint ne peut, sans bigamie, se remarier; et que, s'il veut passer à un second mariage, tout le monde pourra y faire opposition : tout le monde, c'est-à-dire, bien entendu, tous ceux auxquels le chapitre III du titre du mariage donne ce droit. Telle est la solution incontestée et qui apparaît tout d'abord ; que va être cet empêchement, quelles en seront la nature et la portée ? Sera-t-il prohibitif ou dirimant ? Quel en sera l'effet ? Si le conjoint présent, soit abusé par quelque faux certificat de mort, soit ayant par ruse trompé l'officier de l'état civil, a passé à de secondes noces, la seule preuve de l'absence suffira-t-elle pour faire annuler cette nouvelle union.

L'art. 139 prévoit ce cas : « L'époux absent, dit-il, dont le conjoint a contracté une nouvelle union, sera seul recevable à attaquer ce mariage, par lui-même ou par son fondé de pouvoir muni de la preuve de son existence. »

Il résulte de là, que, tant que dure l'absence, ce nouveau mariage ne peut être attaqué par personne. Ceci est purement et simplement la solution de l'ancien droit, l'application de la maxime de l'avocat général Gilbert des Voisins, maxime que l'on retrouve à chaque instant dans la discussion du Code civil, que Bigot Préameneu a reproduite dans son exposé des motifs, savoir : « L'incertitude de la mort de l'un des époux ne doit jamais suffire pour contracter un mariage nouveau, mais elle ne doit jamais suffire aussi pour attaquer un mariage contracté. » Le Code civil a-t-il simplement voulu consacrer cette sage maxime, a-t-il au contraire innové, c'est ici que les interprètes ne s'entendent plus et que les systèmes les plus opposés se sont fait jour. Si l'on suppose que, le nouveau mariage contracté, l'absent reparaisse, que va-t-il se passer ? Il n'y a pas moins de quatre systèmes différents sur cette question.

Si l'on s'en tient au texte même de l'art. 139 à son sens littéral, il ne semble pas cependant que la question doive soulever de grandes difficultés. « L'absent seul, dit cet article, aura le droit d'attaquer le second mariage de son conjoint présent. » L'article 139 déroge donc au droit commun de l'article 184, d'après lequel, la nullité pourrait être invoquée, soit par les nouveaux époux, par tout inté-ressé et par le ministère public. Ce système, enseigné par Toullier (1), a été repris récemment par Laurent (2). « Le texte de la loi, dit cet auteur, est très clair, c'est l'absent seul qui peut attaquer le deuxième mariage.

On a fait à ce système un grand nombre d'objections, et les trois autres opinions qui ont été proposées, ont eu surtout pour but d'échapper aux conséquences auxquelles il mène logiquement et que nous allons examiner. Suppo-sons en effet que l'absent soit de retour, lui seul, avons-nous dit, peut attaquer le mariage ; mais s'il refuse de le faire ? Pour une raison ou une autre, il laisse subsister la seconde union. Ne sera-ce pas là un cas de bigamie auto-

---

(1) Toullier, *Droit civil français*, tome 1, n°s 484 et suivants.
(2) Laurent, *Principes de droit civil*, tome 2, n°s 245 et suivants.

risée par la loi ? Et si le deuxième mariage a eu lieu de bonne foi, aucune action publique ne sera possible. Voici une femme qui aura légalement deux maris, ou un mari deux femmes, car on ne peut pas soutenir que le premier mariage soit dissous, il subsiste, c'est indiscutable. Et si dans une telle situation il naît des enfants, quel sera leur état ? C'est pour échapper à ces conséquences gênantes, que les interprètes ont voulu expliquer la loi d'une autre façon.

On a cherché tout d'abord dans les travaux préparatoires du Code. Il faut malheureusement constater qu'ils ne sont pas beaucoup plus clairs que la loi elle-même, de telle façon que nous voyons tous les systèmes invoquer à l'appui de leur thèse, la discussion au Conseil d'Etat et l'exposé des motifs de l'orateur du gouvernement Bigot-Préameneu.

Le projet du Code civil, en effet, tel qu'il fut soumis au Conseil d'Etat dans sa séance du 4 frimaire au X, comprenait deux articles, les articles 26 et 27 ainsi conçus :

Art. 26. — L'absence de l'un des époux, quelque longue qu'elle soit, ne suffira point pour autoriser l'autre à contracter un nouveau mariage ; il ne pourra y être admis que sur la preuve positive du décès de l'autre époux.

Art. 27. — Si néanmoins il arrivait qu'il eût été contracté un nouveau mariage, il ne pourra être dissous sous le seul prétexte de l'incertitude de la vie ou de la mort de l'absent, et tant que l'absent ne se représentera point ou ne réclamera point par un fondé de procuration spéciale muni de la preuve positive de l'existence de cet époux.

M. Bérenger prétendit que ces articles paraissaient se contrarier ; le premier décide, dit-il, que l'absence de l'un des époux n'autorise en aucun cas l'autre époux à contracter un nouveau mariage, le deuxième suppose qu'un tel mariage a pu être contracté.

Tronchet répliqua que ces articles ne se contrariaient pas, mais qu'ils érigeaient en loi les maximes de l'avocat général Gilbert des Voisins.

Thibaudeau dit que quoique la sagesse de ces maximes ne puisse être contestée, il y a cependant quelque inconvenance dans la manière dont elles sont rédigées ; l'exception présente une contradiction trop formelle avec la règle. Il ne faut pas que la loi en prévoyant la possibilité de tels mariages paraisse les autoriser ouvertement ; elle ne doit présenter qu'un remède pour un cas qui peut arriver.

Cambacérès proposa alors d'effacer l'article 26, d'énoncer d'abord la disposition de l'article 27 et de rédiger ainsi la fin de cet article. « Néanmoins, si l'époux absent se représente, ce mariage sera déclaré nul. »

Thibaudeau dit qu'il rédigera un article en ce sens que l'époux absent pourra seul attaquer le mariage de son conjoint (1).

La discussion se termine par ces mots : « La proposition du consul Cambacérès est adoptée.

La lettre du projet, soutient M. Laurent (2), disait clairement que le mariage était inattaquable tant que l'absent n'en demanderait pas la nullité, la lettre du projet disait ce que dit le Code civil. La seule question agitée fut une prétendue contradiction entre les deux articles du projet. Thibaudeau le rapporteur, résumant le débat, formulait le vœu du Conseil dans des termes que le texte actuel reproduit.

____

(1) Locré. *La législation civile de la France*, tome IV, page 101 et suiv.

(2) Laurent, *op. cit.*, tome 2, nᵒˢ 250 et suiv.

Le Conseil adopta la proposition de Cambacérès, qui laissait la question indécise, mais il l'adopta, telle qu'elle venait d'êtreinterprétée par Thibaudeau.

Et, ajoute Laurent, l'orateur du gouvernement, Bigot Préameneu, dans son exposé des motifs devant le Corps législatif nous dit : « On a voulu dans la loi proposée que le mariage contracté pendant l'absence ne pût être attaqué que par l'époux même à son retour, ou par celui qui serait chargé de sa procuration. »

Telle est, en substance, l'argumentation sur laquelle repose ce système, et il faut bien avouer que la seule objection sérieuse qu'on puisse lui faire, c'est de conduire aux résultats inacceptables que l'on a énumérés tout à l'heure. On a beau dire que si la loi est mal faite, la faute en est au législateur, et que l'interprète n'a pas le droit de refaire la loi, on sent bien que cela ne suffit pas ; aussi a-t-on voulu justifier la loi : « En réalité, dit M. Laurent, pour que l'officier de l'état civil ait consenti à célébrer le deuxième mariage, il faut supposer que l'absent est considéré comme mort, à ce point que l'on a oublié qu'il ait jamais existé. Il reparaît, mais sans être connu de personne, là où son conjoint a contracté mariage. Lui n'agissant pas, personne ne saura qu'il y a jamais eu un premier mariage. Le scandale serait dans une action en nullité que des collatéraux viendraient intenter. C'est donc pour éviter le scandale que la loi s'en rapporte à l'absent. »

Nous reconnaissons volontiers qu'il y a là une part de vérité. Certes il peut se présenter tel cas où par suite des circonstances, le premier époux soit absolument inconnu, par exemple, le conjoint présent a quitté le pays où il était connu et s'en est allé habiter une autre partie de la France. Il s'y est fait passer pour veuf et s'y est remarié. Bref on

peut imaginer telle hypothèse où réellement le scandale ne
sera pas dans le retour du premier mari mais seulement
dans la procédure qui pourra s'ensuivre. Il n'en est pas
moins vrai qu'il n'en sera pas toujours ainsi et, que dans la
plupart des cas, l'absent sera reconnu et le scandale écla-
tera, sans qu'il soit besoin que les collatéraux intentent
pour cela une action en justice.

En face de ce premier système absolu, nous devons placer
le second qui lui est diamétralement opposé. L'article 139,
dit Marcadé (1), revient à cette proposition, à laquelle auraient conduit les principes généraux : « Pendant l'absence
d'un époux, le conjoint présent n'a pas le droit de former
un second mariage ; si pourtant, en fait, ce nouveau mariage a été contracté, il ne pourra être attaqué tant que
l'absence durera ; mais du moment que l'existence de l'absent redeviendra certaine, les règles établies seulement
pour le cas d'absence cesseront, comme cela devait être,
d'avoir leur application. »

L'identité de cette phrase avec l'article 139 ne saute pas
aux yeux tout d'abord ; c'est cependant l'interprétation
admise par la majorité des auteurs. L'absent, qui, aux
termes de l'article 139, pourra seul attaquer le mariage
contracté par son conjoint présent, dit-on dans ce système,
c'est celui dont l'existence est incertaine ; aussi, tant qu'il
y aura un époux absent, c'est lui seul qui pourra attaquer
le mariage. Mais si l'existence de l'absent devient certaine,
par exemple par son retour, l'absence cesse, il n'y a plus
d'époux absent, et par conséquent il n'y a plus lieu d'appliquer l'article 139 ; on doit s'en rapporter alors au droit

(1) Marcadé, *Explication du code civil.* Sur l'art. 139, n° 484.

commun formulé par l'article 184, ce qui écarte tous les inconvénients du premier système.

De ce côté aussi on invoque la discussion au Conseil d'État que nous rapportons plus haut. En effet, dit-on, l'article 27 du projet subordonnait seulement le succès de l'action en nullité à ceci, que l'existence de l'absent fût prouvée soit qu'il se présentât, soit qu'il chargeât un mandataire d'intenter pour lui l'action. La preuve que les rédacteurs du Code civil ne croyaient nullement que cet article eût la portée restrictive qu'on veut lui attribuer, c'est que Tronchet explique que leur seule portée est d'ériger en loi les maximes de Gilbert des Voisins. La proposition de Cambacérès qui fut adoptée était plus claire encore. « Si l'époux absent se représente, le mariage sera déclaré nul. » Ici plus de restriction, c'est le droit commun tout entier qui reprend son empire. Il est vrai que la proposition de Cambacérès fut acceptée sur cette promesse de Thibaudeau, de rédiger une disposition pour que l'époux absent pût seul attaquer le mariage de son conjoint, mais Thibaudeau ne s'est pas expliqué et on doit interpréter ses paroles dans un sens conforme à celui de toute la discussion, c'est-à-dire que tant que durera l'incertitude, l'absence, l'action en nullité sera suspendue et seul l'absent pourra l'intenter ; mais lorsque l'absence aura cessé, alors le droit commun reprendra son empire.

On voit tout de suite, sans qu'il soit besoin d'insister, que ce système ne présente aucun des inconvénients du précédent, et cependant nous croyons qu'on doit le repousser. Il nous paraît en effet fausser tout à fait le sens de l'article 139. L'absent *seul*, dit cet article, pourra attaquer le mariage de son conjoint ; il y a bien là une restriction au droit commun, et où est cette restriction dans le système

que nous venons d'exposer ? On ne la voit pas, car enfin,
c'est purement et simplement le droit commun en matière
de preuve que le législateur aurait ainsi consacré, et il faut
avouer qu'il se serait servi de termes bien singuliers, pour
atteindre ce résultat d'ajouter au Code civil un texte inutile.
En second lieu, n'est-ce pas véritablement jouer sur les
mots que de dire : La loi accorde le pouvoir d'intenter
l'action à l'absent seul, mais dès qu'il est de retour, ou
qu'il a donné de ses nouvelles, l'absence a cessé, il n'y a
plus d'absent.

En outre ce système est-il tout à fait sans inconvénients ?
Nous ne le croyons pas. Supposons qu'on ait des nouvelles
de l'absent, on apprend son existence ; il s'est expatrié, s'est
établi fort loin, ne songe plus à revenir, et par hasard, on
vient à découvrir qu'il n'est pas mort, ainsi que tous le pen-
saient ; alors, même si aucun scandale n'est à redouter, et
si l'absent préfère ne point troubler la famille nouvelle qui
s'est formée, des collatéraux, poussés par quelque intérêt
pécuniaire, pourront intenter l'action en nullité du second
mariage. Voici un résultat qui ne nous paraît guère plus
moral que ceux auxquels conduisait le premier système.

Nous allons examiner à présent deux systèmes intermé-
diaires, dus l'un à Aubry et Rau, et l'autre à Demante. Ces
deux systèmes ont ceci de commun, c'est qu'ils introduisent
dans le texte de la loi des exceptions que le législateur a
peut-être cru y mettre, qu'il aurait même certainement eu
raison d'y mettre mais, que, croyons-nous, il n'y a pas
mises,

Selon Aubry et Rau (1), il faut admettre que le législateur a eu l'intention de repousser toute demande en nullité

____

(1) Aubry et Rau, *Cours de droit civil*, tome I, § 159, note 3.

intentée par d'autres personnes que l'absent, malgré l'offre qu'elles feraient de prouver l'existence de ce dernier à l'époque où son conjoint a contracté une nouvelle union ; et cela s'explique, ajoutent ces auteurs, car si le retour de l'absent établit d'une manière irréfragable son existence, il n'en est pas de même des moyens plus ou moins concluants par lesquels on chercherait à justifier l'existence d'une personne qui n'a pas reparu à son domicile, et l'on comprend que le législateur ait voulu écarter tout élément de preuve qui serait sujet à l'erreur. D'ailleurs les raisons de haute moralité, qui veulent qu'au cas de retour de l'absent, l'action en nullité puisse être formée par tout intéressé, ne se présentent pas aussi graves, si l'absent qu'on prétend exister n'a pas cependant reparu à son domicile.

Certes ce système n'est pas sans avantages, mais nous ne savons pas trop sur quelle base légale on pourrait bien asseoir la distinction qui y est faite entre le cas de retour de l'absent et celui où, sans revenir, l'absent donne de ses nouvelles fournissant ainsi une preuve certaine de son existence ? Le scandale peut être tout aussi grand dans le deuxième cas que dans le premier. Et, en outre, qu'entendent Aubry et Rau par ces mots « le retour de l'absent ? » Exigera-t-on qu'il revienne dans son ancien domicile ? Et s'il s'établit dans la ville voisine sera-t-il censé de retour ? Dans toutes ces hypothèses, les inconvénients du premier système peuvent se représenter.

Vient enfin le quatrième système dû à Demante ; (1)

______

(1) Demante, *Encyclopédie de Sébire et Carteret*, vᵒ absent, pages 131 à 135. — *Cours analytique de code civil*, t. I, nᵒˢ 177ᵇⁱˢ, IV et V.

D'après cet auteur, il est impossible de ne pas reconnaître que le droit proclamé par l'article 139 en faveur de l'époux absent a un caractère exclusif. Mais à qui s'applique l'exclusion ? Ceux que la loi a voulu écarter, répond Demante, ce sont ceux qui agissent dans un intérêt pécuniaire, cela vise les collatéraux, les enfants d'un premier lit, les ascendants et même un des nouveaux époux agissant après la mort de l'autre dans un pur intérêt pécuniaire.

Mais l'action du ministère public, et hors du cas spécial ci-dessus indiqué, l'action des nouveaux époux, repose sur un autre ordre d'idées que le législateur n'a pas eu en vue. Aussi n'a-t-il pu écarter leur action ; obliger le ministère public à respecter une bigamie flagrante, et les nouveaux époux à supporter une union adultère que leur conscience réprouve « ce serait une outrageuse violation de la morale et de l'ordre public, et notre législateur respecte la morale et l'ordre public ».

Du reste, ajoute Demante, il ne faudrait pas conclure que l'action des nouveaux époux ou du ministère public. fût recevable pendant la durée de l'absence ; l'incertitude pourrait tout au plus servir de base à une séparation d'habitation que la justice ne pourrait refuser aux nouveaux époux qui la lui demanderaient.

En outre, basée sur la morale et sur l'ordre public, cette action ne subsiste qu'autant que ceux-ci sont lésés. La mort de l'absent, survenue depuis que la deuxième union a été célébrée, éteindrait cette action, car alors plus d'adultère, plus de scandale.

On peut en ce système argumenter des discours prononcés par les orateurs du gouvernement, et de la manière dont ils ont paru entendre la loi. « La dignité du mariage,

disait Bigot Préameneu (1), ne permet pas de la compromettre, pour l'intérêt pécuniaire des collatéraux. » Leroy,
dans son rapport au Tribunat (2), parle aussi « de
l'honnêteté publique qui devait l'emporter sur toute espèce
de considération ». Mais le passage le plus significatif se
trouve dans le discours du Tribun Huguet prononcé devant le Corps législatif en la séance du 24 ventôse an XI (3);
cet orateur vient de dire qu'il est possible qu'un deuxième
mariage ait été contracté pendant l'absence et il ajoute :
« Alors des tiers, des parents collatéraux, seront-ils admis
à attaquer le deuxième mariage? Leur donnera-t-on le
droit, comme dans l'ancienne jurisprudence, d'interjeter
appel comme d'abus de ces deuxièmes mariages et d'en
demander la nullité ; et surtout de demander à prouver
que le premier époux absent n'est décédé que postérieurement au second mariage, c'est-à-dire d'attaquer
un mariage que le décès postérieur a en quelque sorte
validé? Et par ce que cette nullité pourrait convenir à
l'intérêt de ces collatéraux, autorisera-t-on des demandes
qui porteraient un trouble aussi notoire dans les familles ?

« L'article du projet de loi refuse ce droit à ces collatéraux, et il est en cela conforme à la dernière jurisprudence établie par des arrêts solennels. »

Tel est le système de Demante, et c'est, croyons-nous,
le meilleur au point de vue des résultats qu'il donne. Avec
lui pas de scandale à craindre auquel on ne puisse porter
remède ; pas de cette union adultère que pourrait imposer

____

(1) Bigot Préameneu, *Exposé des motifs au corps législatif* ;
Fenet, tome VIII, p. 462.

(2) Fenet, tome VIII, page 474.

(3) Fenet, tome VIII, page 488.

la malice de l'absent aux nouveaux époux. D'autre part il ne pourrait plus être question de ces procès soulevés par des parents éloignés, qui, par cupidité, n'hésiteraient pas à jeter le trouble et la honte sur une famille et à troubler l'ordre social, toujours intéressé à éviter de pareilles affaires.

Oui, ce serait, croyons-nous, le système raisonnable entre tous, mais il est bien difficile de trouver dans la loi l'origine et la justification d'une semblable distinction. Il ne suffit pas que Bigot Préameneu et Huguet aient paru entendre de la sorte l'article 139, il aurait fallu de plus que le législateur exprimât sa pensée en ce sens, ou plutôt qu'il n'adoptât pas aussi nettement un système différent.

Nous devons dire aussi un mot de cette séparation d'habitation que Demante a empruntée à l'ancien droit. D'Aguesseau nous apprend, en effet (1), que de son temps on obligeait, en cas d'incertitude, les nouveaux époux à vivre séparément. Nous pensons non seulement qu'il ne pourrait plus en être ainsi aujourd'hui, comme du reste en convient Demante, mais nous ne voyons même pas, en vertu de quel texte de loi, un tribunal pourrait prononcer cette séparation, si un seul ou même les deux nouveaux époux venaient la lui demander. Il est clair que les scrupules auxquels ils obéiraient en agissant de la sorte, peuvent être très respectables, mais cela n'en est pas moins une base insuffisante pour asseoir une décision judiciaire. Les époux pourraient vivre séparés, mais ce ne serait là qu'un état de fait, non un état de droit, qu'ils auraient ainsi établi entre eux, sans que, du reste, l'un d'eux pût le faire durer contre la volonté de l'autre.

____

(1) D'Aguesseau, 28e plaidoyer, affaire Colliquet.

Et maintenant, s'il nous faut faire un choix entre les quatre systèmes, nous dirons que le texte de la loi nous paraît imposer le premier, quelque regret qu'on en ait. Ce n'est pas que nous ne nous rendions compte des résultats scandaleux qu'il peut avoir, mais nous ne croyons pas qu'il soit possible d'entendre le texte d'une autre manière sans en fausser le sens. Mais nous ne saurions, en tous cas, invoquer, pour le soutenir, les fameux travaux préparatoires qui ne montrent qu'une seule chose, c'est que les rédacteurs du code n'ont pas aperçu les conséquences du système qu'ils ont édicté, si même, ce dont on pourrait douter, ils ont établi le système qu'ils avaient en vue.

Les discours de Bigot Préameneu et du tribun Huguet, que nous avons cités plus haut, semblent bien indiquer que leur pensée dominante était d'éloigner les seuls collatéraux « les collatéraux avides » pour employer leur expression. Le passage de Huguet surtout est très net. Notre intime conviction est que les législateurs ont seulement voulu écarter ceux qui, par simple intérêt pécuniaire, viendraient jeter le trouble dans les familles. Mais nous ne croyons pas cependant que l'interprète de la loi ait le droit, en face du texte précis de l'article 139, d'adopter un autre système que celui qui a été le premier exposé.

La jurisprudence n'a pas encore eu, que nous sachions, à statuer sur un cas semblable ; elle a déjà écarté des actions en nullité intentées pendant la durée de l'absence, alors que le demandeur n'offrait pas de prouver que l'absent vécût encore, ou fût mort seulement depuis le deuxième mariage, mais elle ne s'est pas encore trouvée en face d'une action intentée par un autre que l'absent, en cas d'existence certaine de ce dernier.

Et nous nous demandons si, devant tant de systèmes·

contradictoires, les juges, qui auraient en ce cas à appliquer l'article 139, ne jugeraient pas en équité tout simplement d'abord, quitte à plier ensuite la loi à leur espèce particulière. Nous supposons que les Tribunaux agiraient ainsi, et nous ne savons pas qui songerait à les en blâmer. Les circonstances, la bonne foi des parties, leur plus ou moins bonne renommée, leur feraient sans doute choisir la solution à leurs yeux la plus équitable, et l'usage qu'ils feraient des systèmes de la doctrine ne serait probablement que pour justifier en droit la solution qu'auraient dictée les faits.

Donc, voyons-nous, l'article 139 donne pouvoir pour attaquer le second mariage, à l'absent seul; mais il ajoute dans son alinéa final « ou à son fondé de pouvoir muni de la preuve de son existence ».

Quelle sorte de procuration la loi exige-t-elle ici? Une opinion, qui du reste n'a pas prévalu, soutenait qu'une procuration générale suffisait ; et c'est pour cela, disait-on, que la loi a exigé en plus un certificat de vie faisant preuve de l'existence de l'absent, attendu que la procuration donnée spécialement pour intenter l'action en nullité, aurait fait, à moins de contestations sur sa véracité, preuve de l'existence du mandant. Cette opinion est enseignée par Duranton (1) qui exige cependant que, dans cette procuration générale, soit compris formellement le pouvoir d'attaquer le mariage.

Marcadé (2) va même plus loin, et enseigne que la procuration générale, laissée par l'absent à son départ, suffit

____

(1) Duranton, *Cours de droit français*, tome I, page 425, n° 524, note.

(2) Marcadé, *op. cit.* Sur l'art. 139, t. I, n° 487.

pour permettre d'intenter l'action en nullité, à condition, bien entendu, que le mandataire soit muni de la preuve de l'existence de l'absent ; cette seconde condition serait indispensable évidemment pour triompher et ne pas être repoussé par la règle générale en matière de preuve « actoris est probare ».

On donne encore comme argument en ce système que le projet du code civil exigeait une procuration spéciale, et que cette exigence a disparu lors de la rédaction définitive.

La grande majorité des auteurs exige une procuration spéciale, mais la difficulté est alors d'expliquer ce que la loi a entendu faire, en exigeant que le fondé de pouvoir fût muni de la preuve de l'existence de l'absent. Plusieurs auteurs, Malleville, par exemple, et De Moly (1), ont vu là tout simplement une inutilité dans la loi ; mais l'opinion qui triomphe aujourd'hui explique ces mots de la manière suivante : Le fondé de pouvoir sera muni d'une procuration, mais cette procuration peut être sous seing privé, la loi n'exigeant pas qu'elle soit authentique ; alors elle n'aura pas date certaine, et même si elle est authentique, elle peut déjà être assez ancienne ; la preuve qu'exige la loi, c'est celle de l'existence actuelle de l'absent, preuve qui se fera par un certificat de vie. Et il faut ici s'entendre : il ne s'agit nullement d'exiger la preuve que l'absent est en vie, à l'instant précis où est formée la demande, ce qui reviendrait à retirer à l'absent le droit d'agir par mandataire ; il y a une limite raisonnable qu'appréciera le Tribunal, devant lequel sera portée la demande en nullité.

Et l'argument tiré du fait que le mot « spécial » a disparu du texte du code civil alors qu'il figurait dans le

____

(1) De Moly, *Traité des absents*, page 315, n° 538.

projet, ne nous paraît pas décisif, attendu que le premier texte contenant le mot spécial exigeait encore que le mandataire fût muni de la preuve de l'existence de l'absent.

Maintenant que nous avons vu à quelles personnes l'article 139 réserve l'action en nullité de mariage, il convient de nous demander quelle est la sphère d'application de cet article, et si on peut l'invoquer quand le mariage de l'époux présent a été contracté pendant la présomption d'absence, aussi bien que quand il l'a été une fois l'absence déclarée.

Un premier système, soutenu notamment par Proudhon (1) et par Duranton (2), enseigne que l'article 139 est seulement applicable quand le mariage du conjoint présent a eu lieu après la déclaration d'absence. De cela on donne deux raisons : L'époux présent, quand il a convolé en secondes noces pendant la présomption d'absence, sans même attendre que l'absence fût déclarée, ne peut guère être présumé de bonne foi, et, seconde raison, les rédacteurs du Code civil ont, dit-on, toujours soigneusement évité de prendre le mot absent, dans le sens d'absent présumé ; enfin l'article 139 est placé au Code dans le chapitre III qui parle des effets de l'absence déclarée.

A ce système nous préférons celui généralement admis, bien qu'il élargisse la sphère d'application de l'article 139 en déclarant qu'on doit l'appliquer même au cas où la deuxième union a été célébrée pendant l'absence présumée.

En effet, nous croyons que la distinction des trois périodes

---

(1) PROUDHON, *Traité de l'état des personnes*, tome I, ch. XX, section 4, § 1.

(2) DURANTON, *op. cit.*, tome I, n° 526.

de l'absence est ici sans application ; ce qu'il y a à considérer, c'est bien l'incertitude dans laquelle on est au sujet de l'existence de l'absent ; or cette incertitude existe déjà pendant la présomption d'absence. Duranton lui-même est obligé de le reconnaître, puisqu'il ajoute, aussitôt après avoir formulé la règle, l'exception suivante qui lui enlève à peu près toute portée, savoir : « Mais s'il régnait la plus grande incertitude sur l'existence de l'absent, ce serait l'article 139 qu'il faudrait appliquer, d'autant plus qu'il serait possible que les nouveaux époux fussent de bonne foi. » Mais, à notre avis, la loi ne parle pas de bonne foi, nulle part nous ne voyons cette condition mise à l'application de l'article 139. La loi exige qu'il y ait incertitude sur l'existence de l'absent, or cette incertitude peut exister évidemment pendant la présomption d'absence aussi bien qu'après l'absence déclarée. Au reste, même si l'on croyait devoir faire ici intervenir la condition de bonne foi, elle se rencontrerait plus souvent peut-être, dans le cas où le second mariage a lieu pendant la présomption d'absence, que dans celui où il a lieu une fois l'absence déclarée. En effet, pour supposer le conjoint présent tout à fait de bonne foi, il faut admettre qu'il y a quelque cause, fausse en réalité, mais qu'il croit vraie, de ne pas douter de la mort de l'absent ; par exemple un acte de décès erroné. Mais, dans ce cas, il ne songera nullement à faire déclarer l'absence, car il faudrait pour cela qu'il lui restât un doute sur l'existence du disparu. Si faible qu'on le suppose, ce doute s'atténuera avec le temps, mais il est rare qu'il disparaisse tout à fait. Lorsqu'il se sera écoulé un nombre d'années assez considérable depuis la disparition, il est bien rare qu'on reçoive une preuve nouvelle de la mort de l'absent, et, on le remarquera, après la déclaration d'absence, une preuve nouvelle serait indispensable pour que l'on puisse dire que le conjoint présent est d'une entière bonne foi.

Quant au deuxième argument tiré du sens technique qu'aurait le mot « absent » employé par le Code, il est unanimement abandonné aujourd'hui, et l'accord s'est fait sur ce point, que le langage du législateur est loin d'avoir toujours la précision que lui prêtait Proudhon en cette matière.

Du reste, la jurisprudence paraît être en ce sens, bien que nous ayons un jugement du tribunal de Dunkerque du 30 décembre 1836 dans lequel on relève : « Attendu que l'article 139 du Code civil ne s'applique qu'à l'absence déclarée (1) ». Cela est formellement adopté par un jugement du tribunal de Lyon du 10 avril 1829, confirmé par arrêt de la Cour de Lyon du 3 février 1830 (2) et par arrêt de la Cour de cassation du 21 juin 1831 (3).

Il nous reste, pour terminer ce chapitre, à dire un dernier mot sur la validité du second mariage ; prenons le cas où un mari absent trouve, à son retour, sa femme remariée.

Le deuxième mariage n'est pas valable aux yeux de l'absent, c'est entendu ; mais quel que soit le système admis sur la détermination des personnes qui ont droit d'agir en nullité, il faudra, chacun en convient, une décision judiciaire pour la prononcer. Cela demandera un certain délai pendant lequel la femme remariée sera tenue envers son second mari au devoir de fidélité. Et nous n'hésitons pas à admettre qu'il aurait droit de poursuivre sa femme en adultère si elle venait à y manquer. L'adultère, dira-t-on, sup-

(1) Sirey, 1837-2-488.

(2) Dalloz, 1830-2-145.

(3) Sirey, 1831-1-262.

pose un mariage valable, or, on est en face d'un mariage nul ; mais nous ne croyons pas qu'on doive s'arrêter à cette objection, et sans insister plus qu'il ne convient sur une hypothèse aussi rare, nous dirons que la poursuite en adultère nous semble possible, si du moins le deuxième mariage avait été contracté de bonne foi par le second mari. Le second mariage, en ce cas, produit tous les effets civils d'un mariage régulier, il est tout naturel qu'il engendre également l'obligation de fidélité. La femme pourrait même alors, pensons-nous, être poursuivie en adultère par le premier mari dont le mariage subsiste toujours.

La question serait plus délicate au cas où la femme aurait noué des relations avec son premier mari, et, dans ce cas, il n'y a plus, pensons-nous, adultère. Le premier mariage subsiste, et ce n'est certes pas le second qui pu le rompre. Comprendrait-on qu'une femme pût commettre un adultère avec un homme dont elle est l'épouse en légitime mariage. Au reste, la poursuite intentée en ce cas par le second mari tomberait forcément devant l'action en nullité du second mariage que le premier époux ne manquerait pas d'intenter et qui suspendrait la poursuite en adultère.

Il n'y aurait pas plus de raison, croyons-nous, de l'admettre de la part du premier mari contre le second, car enfin nous nous trouvons en face de deux mariages, valables tous deux jusqu'au jugement qui en annulera un ; la femme a donc deux maris légitimes, et quelle que soit l'immoralité de cette solution, nous pensons qu'elle peut, pendant cette période, cohabiter avec celui des deux qu'elle voudra, ou même avec les deux, sans commettre de délit aux yeux de la loi pénale.

Une grande difficulté peut naître de cette situation quant à l'état d'un enfant dont la conception remonterait à cette période ; difficulté qui se peut présenter dans tous les cas d'annulation de mariage, le Code civil ayant négligé d'exiger qu'un délai se soit écoulé avant de permettre à la femme de se remarier. Et dans les nombreux systèmes qui ont voulu déterminer la filiation paternelle de l'enfant ainsi conçu, celui-là nous semble préférable qui donne à la mère le droit de désigner celui qu'elle croit être le père de son enfant. Comme tous les systèmes présentent une incertitude très grande, il convient, croyons-nous, de choisir celui qui comporte le plus de chances de n'être pas contraire à la réalité. Nous le préférons à celui qui donne à l'enfant le droit de désigner son père, système dont le très grave inconvénient est de laisser indécise, pendant de longues années, une question aussi importante. Et en outre, il nous semble que la mère saura donner, comme père à son enfant, celui de ses deux maris qui présentera le plus de chances d'assurer le bonheur de celui-ci. Elle aura, pour se décider, quantité d'éléments qui, par leur nature même, échapperaient aux magistrats, quelles que soient leur conscience et leur sagacité.

CHAPITRE II

DE LA LÉGITIMITÉ DES ENFANTS NÉS DEPUIS LA DISPARITION
DE L'ABSENT

L'absence, avons-nous dit plus haut, a pour trait dominant l'incertitude où l'on est sur le point de savoir si l'absent est mort ou s'il est encore en vie. Il en résulte qu'on ignore si le mariage contracté par lui subsiste toujours, et que, dans le doute, on empêche l'époux présent de passer à d'autres noces. Le Code civil veut, si c'est la femme, qu'elle se fasse autoriser de justice pour contracter ; bref, on garde l'état de choses existant, aussi longtemps que la preuve n'est point fournie qu'on doive le changer.

Si c'est la femme qui est présente, il convient d'examiner quels vont être les effets de cette incertitude sur l'état des enfants qui vont naître d'elle.

Pour celui dont la naissance a lieu moins de 300 jours après la disparition, la question est simple, il a été conçu pendant que le mariage avait encore une existence certaine, il est légitime en vertu de la règle « Pater is est quem nuptiæ demonstrant », et la seule chose que l'on puisse se demander à son égard, c'est si les héritiers présomptifs de l'absent auront contre lui l'action en désaveu, pour l'écarter de l'envoi en possession provisoire auquel il pourrait prétendre, soit en concurrence avec eux, soit à leur exclusion. En d'autres termes, l'absence ouvre-t-elle, à un moment quelconque, au profit des héritiers présomptifs de l'absent, l'action en désaveu de paternité? Nous ne le pensons pas ; à aucun moment, même après l'envoi en possession définitif, il ne peut en être ainsi. Il est assez naturel que l'action en désaveu passe aux héritiers, lorsque le mari est mort sans avoir eu le temps de manifester sa volonté ; les héritiers, en ce cas, représentent le défunt, ils agissent, comme il est à présumer qu'il l'eût fait, s'il n'avait été surpris par la mort. Dans tous les cas, l'action intentée par les héritiers, même si elle n'est pas conforme à la volonté du défunt, ne soulèvera pas le scandale d'une désapprobation formelle, comme il pourrait arriver, si l'action était intentée par des envoyés en possession, et que l'absent revînt ensuite.

Il est impossible d'accorder cette action aux héritiers présomptifs de l'absent pendant la présomption d'absence ; on en convient en général ; ces héritiers n'ont en effet aucun titre, aucun pouvoir même sur les biens de l'absent, ils n'ont pas le droit d'intervenir dans ses affaires, si ce n'est au cas de nécessité ; mais alors ce ne sera qu'après un délai de 5 ans que l'enfant, en possession d'état d'enfant légitime depuis sa naissance, verra contester cet état, dans un pur intérêt pécuniaire ! De scandale, il n'y en a pas à laisser les choses telles qu'elles sont ; ce sera bien pis encore dans le système qui n'accorde l'action en désaveu qu'aux envoyés en possession définitive et en suspend l'exercice pendant toute la durée de l'absence déclarée. Ce ne sera plus qu'après 35 ans qu'on pourra contester l'état d'une personne jusque-là légitime ! Cela nous paraît inadmissible. Supposons, ce qui sera le cas ordinaire, que, pendant toute cette période, l'enfant ait été mis en possession de tout ou partie des biens de l'absent comme enfant légitime ; que, durant ce même laps de temps, il ait en vertu de cette qualité, jusque-là incontestée, recueilli des successions de parents paternels ou maternels ; ne voit-on pas quelle perturbation on va apporter dans son patrimoine, et quel trouble dans la propriété des biens qu'il a pu transmettre à des tiers. Comment la loi qui a limité d'une manière aussi stricte l'action en désaveu de paternité, qui l'accorde comme à regret au mari lui-même qu'elle présume le père, comment la loi, disons-nous, aurait-elle laissé régner une pareille incertitude sur l'état d'une personne ? Cela ne peut être admis.

Aussi n'hésitons-nous pas à adopter la solution, qui du reste triomphe, et d'après laquelle les envoyés en possession n'ont jamais l'action en désaveu même après l'envoi en possession définitif, car à aucun moment ils ne sont dans la situation de véritables héritiers ; ils ne sont jamais que des administrateurs aux biens ; ce n'est pas douteux pendant l'envoi en possession provisoire où la loi le dit formellement, nous pensons que c'est vrai encore après l'envoi définitif, qui, s'il donne, à celui qui l'a obtenu, les pouvoirs d'un propriétaire à l'égard des tiers, ne le laisse pas moins vis-à-vis de l'absent dans la situation d'un simple possesseur, sujet à restituer en cas de retour de cet absent.

Mais un autre cas beaucoup plus compliqué, et aussi plus fréquent, bien qu'il soit quand même assez rare, peut se présenter. C'est celui où la femme, dont le mari est absent, met au monde un ou plusieurs enfants plus de 300 jours après la disparition de celui-ci. Quel va être l'état de ces enfants ? Et tout d'abord peuvent-ils se dire enfants légitimes de l'absent et invoquer la règle « pater is est quem nuptiæ demonstrant » ? La controverse est vive sur ce point, la doctrine et la jurisprudence sont opposées, les auteurs tenant en général pour la négative et les tribunaux pour l'affirmative, sans cependant qu'une doctrine bien nette se dégage des quelques jugements et arrêts que l'on a sur la matière.

Voici à quel propos d'ordinaire la question de légitimité se pose : Pour la succession du père absent, pas de difficultés ; ceux qui d'après l'article 130 ont droit à l'envoi en possession provisoire, ce sont les héritiers présomptifs de l'absent au jour de sa disparition ou de ses dernières nouvelles. Or, l'enfant, qui à cette époque n'était pas encore conçu, n'y peut pas prétendre. La question de légitimité n'est donc pas en jeu dans ce cas-là.

Mais si nous supposons que la succession de la mère s'ouvre, et qu'il existe un enfant né pendant son mariage avec l'absent, et un autre né plus de 300 jours après la disparition, comment sera dévolue la succession de la mère ? Sera-t-elle partagée entre les deux enfants considérés tous deux comme légitimes, celui né après la disparition, comme celui né auparavant ; ou bien le second enfant pourra-t-il être l'objet d'une contestation de légitimité ? Et, dans ce cas, y aura-t-il lieu de l'admettre à la succession de sa mère comme enfant naturel, ou bien en sera-t-il tout à fait exclu comme adultérin ?

La première idée qui se présente à l'esprit est celle-ci : L'absence même déclarée ne change pas l'état des époux, le mariage est réputé subsister, et, par conséquent, l'enfant qui vient au monde, même plus de 300 jours après la disparition de l'absent, ou les dernières nouvelles que l'on a eues de lui, est réputé né pendant le mariage, et comme tel doit être regardé tant que dure l'absence comme l'enfant légitime du mari ; réserve faite de la question de savoir s'il peut ou non être désavoué par les envoyés en possession. En un mot nulle différence à établir entre lui et les enfants nés dans les 300 jours qui ont suivi la disparition du père.

Cela n'entraîne pas comme conséquence, on le remarquera, que l'enfant né dans de telles conditions puisse demander l'envoi en possession des biens de son père absent ; il serait alors écarté en vertu de l'article 130 comme nous l'avons déjà dit ; mais cela le fait venir à la succession de sa mère, dans l'hypothèse que nous avons posée, à titre d'enfant légitime, comme s'il était né avant la disparition.

Cette opinion a été formellement adoptée par plusieurs arrêts et spécialement par un arrêt de la Cour de Douai du 18 novembre 1861, où nous relevons les considérants suivants : « Attendu qu'il résulte de la discussion du titre « des absents et de l'économie de ses dispositions que le « but unique du législateur a été ici de sauvegarder les « intérêts matériels que l'absence pouvait compromettre ; « que ces considérations d'ordre public, l'avantage de « l'absent ou celui de ses proches. recommandaient des « mesures de protection dont le caractère était purement « conservatoire et qui, étant provisoires pour la plupart, « peuvent d'autant moins affecter l'état civil de l'absent ou « celui de sa famille qu'elles ne sont fondées que sur le « doute quant à son existence et que l'incertitude s'éva- « nouirait par son retour ; — qu'aussi le mariage qu'il « aurait contracté avant sa disparition subsiste et ne cesse « point de produire tous ses effets légaux... attendu que, « par une conséquence logique, virtuelle, la légitimité des « enfants conçus durant un mariage non dissous est inatta- « quable tant qu'on ne justifie point du décès de l'absent. »

____

(1) Voir les 2 arrêts. DALLOZ, 64-1-153.

Ajoutons que cet arrêt de la Cour de Douai a été confirmé par arrêt de la Cour de Cassation du 15 décembre 1863 (1).

La Cour de Douai décide donc, par cet arrêt, que l'enfant né plus de 300 jours après la disparition naît légitime, et qu'il peut seulement être désavoué ; et encore décide-t-elle que l'action en désaveu ne pourrait être intentée contre l'enfant que par l'absent de retour ou par ses héritiers si son décès se trouvait prouvé. Autant dire que l'état de l'enfant est absolument inattaquable.

Cette théorie qui paraît dominer en jurisprudence (2) a été très vivement critiquée, et elle arrive en effet à des résultats difficiles à admettre. Elle fait reconnaître légitimes des enfants qui évidemment ne le sont pas. On parvient à tourner la difficulté pour l'envoi en possession des biens du père absent, et nous ne protestons pas contre l'attribution qu'on leur fait d'une partie de la succession de leur mère. Mais ce qui est choquant, c'est de voir ces enfants arriver en concurrence avec les enfants légitimes de l'absent à la succession d'un parent de celui-ci ; un oncle paternel par exemple ;

Afin d'éviter ces inconvénients, les auteurs adoptent en général le système contraire. Pour que l'enfant puisse invoquer la règle « pater is est quem nuptiæ demonstrant », il est nécessaire qu'il prouve non seulement sa filiation maternelle, et la célébration du mariage de ceux qu'il réclame pour ses père et mère, deux choses qu'on suppose constantes, mais de plus il faut qu'il démontre l'existence au jour de sa conception du mariage dont il se prétend issu.

(1) Voir les 2 arrêts Dalloz 1864-1-153.

(2) Voir 2 arrêts de la Cour de Toulouse, le premier, du 14 juillet 1827, D. P. 29-2-10, et le second du 29 décembre 1828, D. P. 21-2-221.

Comme il ne peut pas faire cette preuve, impossible par hypothèse, tous les intéressés auront le droit de repousser ses prétentions par l'action en contestation de légitimité.

On évite évidemment, de la sorte, d'introduire dans une famille des enfants, qui, en fait, sont toujours naturels ou adultérins, mais jamais légitimes ; c'est un grand avantage, mais il faut voir s'il n'est pas compensé par d'autres inconvénients.

Une chose nous inquiète dans cette théorie, ce sont les résultats auxquels elle paraît devoir conduire. Si elle était basée uniquement sur cette idée que la loi suppose l'absent mort du jour de sa disparition ou de ses dernières nouvelles, alors rien que de très juste : l'enfant, né plus de 300 jours après la disparition, serait, une fois la contestation de légitimité admise, ce qui supposerait uniquement prouvée la date de la disparition, l'enfant, disons-nous, serait simplement enfant naturel. Le mariage serait présumé ne plus exister, la mère veuve, et l'enfant pourrait bénéficier de la reconnaissance de celui qui croirait en être le père.

Mais les auteurs présentent leur théorie comme fondée non sur cette idée de mort présumée qui de l'aveu de tous est étrangère à notre sujet, mais sur l'incertitude absolue où l'on est de savoir si l'absent existe ou s'il est mort, si son mariage continue ou s'il est dissous. Mais alors ce qui résulte de cette situation, c'est que l'enfant ne peut être, jusqu'à ce que l'absence vienne à cesser, en possession d'une filiation quelconque. Est-il enfant légitime de l'absent ? Est-il enfant naturel ? Nous n'en savons rien absolument.

Et alors que vont devenir ses droits non pas dans la succession de l'absent mais même dans la succession de sa mère ? En effet l'enfant issu, avant l'absence, du mariage de leur mère commune ne pourra-t-il pas l'écarter de la succession de celle-ci au moyen du raisonnement suivant :

En quelle qualité, lui dira-t-il, voulez-vous venir à la succession de notre mère ? Est-ce en qualité d'enfant légitime, soit, mais alors il vous faut prouver votre filiation, ce qui sera impossible, puisque l'absence du père empêche justement de savoir si la conception a eu lieu pendant que le mariage existait encore.

Est-ce en qualité d'enfant naturel, en vertu de l'article 758 du code civil, mais pour que vous puissiez prendre cette qualité, il vous faut démontrer que vous êtes réellement enfant naturel, c'est-à-dire que le mariage avait cessé lors de votre conception, ce qui est également impossible à prouver.

Donc l'enfant né plus de 300 jours après l'absence va se trouver, faute de pouvoir prouver qu'il est ou légitime ou naturel, privé de tout droit dans la succession d'une femme dont il est l'enfant, et ceci, remarquons-le, sans qu'il y ait eu aucune action en désaveu d'intentée, sans qu'on l'ait déclaré enfant adultérin. Tout cela sera provisoire, mais cela peut durer très longtemps, et même il y aurait lieu de se demander si parfois cela ne sera pas définitif. Car enfin même après l'envoi en possession définitif, même après que l'absent a atteint l'âge de 100 ans, son conjoint présent n'est pas encore autorisé à se remarier, c'est donc que l'incertitude règne encore, et la logique conduirait à penser que jamais l'enfant n'aura de filiation.

Ce système paradoxal a été adopté par un jugement du tribunal d'Avesnes du 31 mars 1861 (1), réformé il est vrai par l'arrêt de la Cour d'appel de Douai que nous avons cité plus haut.

(1) Dalloz, 1862-2-25, avec l'arrêt de la Cour de Douai.

Voici l'espèce :

Martin Jourdain épouse, en 1809, Geneviève Ricard ; en 1812, naît une fille, Marie Félicité ; en 1813, Jourdain part aux armées et les dernières nouvelles qu'on en a sont du 24 juillet 1813.

En 1820 et 1822 deux enfants naissent de sa femme, une fille et un fils inscrits à l'état civil sous les noms de Ferdinande et de Christophe, comme fille et fils de Martin Jourdain, soldat, et de Geneviève Ricard.

En 1847, Marie-Félicité, femme Eliet, fait déclarer l'absence de son père, et sa disparition est reportée au 1er juillet 1814.

Cependant Ferdinande et Christophe Jourdain se marièrent, leur mère consentit à leur mariage, les reconnut pour ses enfants, ayant pour père Martin Jourdain. Geneviève Ricard mourut en 1861 et la dame Eliet voulut repousser Ferdinande et Christophe Jourdain de la succession de leur mère. Le 31 Mai 1861, jugement du Tribunal d'Avesnes qui déclare que seule la dame Eliet a droit à la succession de sa mère Geneviève Ricard.

« Attendu, dit entre autres choses ce jugement, « que Ferdinande et Christophe Jourdain, prétendant « avoir droit de venir à la succession de leur mère « comme enfants légitimes ou tout au moins comme en- « fants naturels de la *de cujus*, sont tenus de justifier de « leurs qualités et droits prétendus ; — Attendu que leur « qualité d'héritiers ou de successeurs de la *de cujus*, doit « ressortir de leur filiation légitime ou naturelle, et que « cette filiation elle-même doit ressortir de la preuve de « l'existence ou de la dissolution du mariage de la mère à « l'époque de leur conception........ ; Attendu que le prin- « cipe de l'incertitude légale a pour conséquence nécessaire

« de soumettre tous ceux qui réclament des droits fondés
« sur sa survie ou sur son décès, et subordonnés à la
« condition de l'un ou de l'autre événement à en rapporter
« la preuve ; — Attendu que Ferdinande et Christophe
« Jourdain, prétendant droit au partage de la succession de
« la *de cujus*, devraient donc prouver l'existence de son
« mari absent, au jour de leur conception pour y être
« admis comme enfants légitimes, ou son décès à la même
« époque pour y concourir comme enfants naturels succes-
« sibles, ils se trouvent, faute de pouvoir rapporter cette
« preuve, dépourvus de tout titre justifié et reconnus pour
« obtenir ce qu'ils demandent, etc..... »

Ce jugement nous semble bien arriver aux conséquences
exactes de la théorie généralement admise en doctrine,
théorie qui s'appuie sur l'incertitude de la vie ou de la mort
de l'absent. On ne peut rien décider, tout doit rester en
suspens. Seulement alors si leur théorie conduit là, nous
nous demandons comment les auteurs, qui admettent un
tel système, osent critiquer les résultats que présente le
premier. Tout fâcheux qu'il soit d'introduire comme légitime, un enfant naturel, dans une famille, nous n'hésitons
pas à préférer ce résultat à celui qui l'écarterait totalement
d'une succession à laquelle il a incontestablement droit.

En réalité, les auteurs qui professent que l'enfant ne peut
pas se placer sous la règle : *Pater is est...* n'admettent
pas, croyons-nous, qu'on pousse leur doctrine jusque-là.
La contestation de légitimité qu'ils accordent à tout intéressé en ce cas-là, aurait simplement pour résultat de faire
considérer comme naturel l'enfant qui aurait succombé en
cette action. Mais il nous semble bien qu'ils ne font alors
que retourner le premier système, pour admettre, au lieu
d'une présomption de légitimité fondée sur ce que le ma-

riage est censé continuer, une présomption d'illégitimité fondée sur ce que le mariage est censé dissous. Il est impossible de donner alors pour base au système l'idée d'incertitude qu'on déclare généralement être l'idée maîtresse et directrice de la loi en matière d'absence.

La Cour de cassation qui, dans l'affaire Eliet-Jourdain, a approuvé l'arrêt de la Cour de Douai, cité tout à l'heure, ne tranche pas d'une manière bien nette la question de légitimité ; elle use en réalité d'un subterfuge pour arriver au résultat qui lui semble équitable. En effet, dit l'arrêt de la Cour suprême, ces enfants, qu'on voudrait écarter de la succession de leur mère, ont un acte de naissance leur donnant qualité d'enfants légitimes ; ils ont une possession d'état conforme ; il faudrait, pour faire tomber de telles présomptions, prouver que la mort de leur père est antérieure de plus de 300 jours à leur naissance ; et c'est ce qu'on ne prouve pas. Il ne suffit pas de démontrer que l'absence remonte à telle époque, car tout le monde s'accorde pour admettre que l'absence déclarée n'équivaut pas à la mort (1).

Tel est en substance le raisonnement de la Cour de cassation ; et, on le voit, cela laisse de côté la question de filiation. En l'espèce, les actes de naissance donnaient aux enfants le mari disparu pour père. Quelle eût été la solution, s'ils avaient été inscrits comme enfants naturels ? La preuve aurait-elle été mise à leur charge, et par suite se seraient-ils trouvés ne venir à la succession de leur mère que comme enfants naturels simples ?

C'est ce qui n'apparaît pas clairement, et c'est aussi ce qui nous semble très défectueux dans le système de la Cour.

(1) Dalloz, année 1864-1-153.

La question de légitimité est trop importante pour être ainsi résolue de manière détournée ; nous pensons qu'elle doit être abordée plus nettement.

Et s'il nous faut faire un choix entre ces théories divergentes, nous n'hésitons pas à préférer celle qui laisse aux enfants nés plus de 300 jours après l'absence, la qualité d'enfants légitimes, sauf l'action en désaveu de la part de l'absent à son retour. Les résultats en seront parfois scandaleux, mais peu importe ; au législateur seul en incombe le reproche. Il serait préférable de réputer l'absent mort, lorsqu'un certain délai se serait écoulé, c'est notre avis ; mais cette idée que l'absence peut équivaloir à la mort prouvée est absolument étrangère à notre Code civil ; et nous ne croyons pas possible de faire ici fléchir les principe, sous prétexte qu'ils conduisent à une solution immorale.   Au législateur de changer les principes !

CHAPITRE III

Nous avons vu que la loi était loin d'avoir toute la précision désirable dans le règlement des rapports de famille
de l'absent et que les résultats auxquels elle menait, n'é-
taient pas toujours ceux que la raison aurait désiré voir
se produire. Nous allons être forcés de constater, ici encore,
que le Code civil a laissé dans l'obscurité bien des points,
et a, sur d'autres, donné des solutions arbitraires. Une fois
de plus aussi nous verrons que les rédacteurs du Code
paraissent ne pas s'être rendu un compte très exact de la
portée des règles qu'ils édictaient.

SECTION PREMIÈRE

De la présomption d'absence.

Il est unanimement admis que la présomption d'absence
ne porte aux conventions matrimoniales de l'absent, quel
que soit le régime sous lequel il soit marié, aucune dérogation. Le propre de cette période est de tout laisser en l'état

et de ne rien changer dans le patrimoine de l'absent. Ainsi les époux continuent à être soumis au régime que leur donne leur contrat de mariage sans que rien soit modifié. Cependant par la force même des choses, il va falloir que les biens, dont l'époux, aujourd'hui absent, était administrateur, ne restent pas à l'abandon.

Il apparaît bien tout d'abord que l'époux, aujourd'hui présumé absent, pouvait parfaitement n'avoir l'administration d'aucun bien : par exemple sous le régime de la communauté même réduite aux acquêts, la femme disparaît ; sa disparition n'aura aucun effet, ou tout au moins elle ne limitera pas en droit les pouvoirs du mari. Nous disons en droit, car en fait il pourra être fort empêché pour aliéner les immeubles de communauté ou même ses immeubles propres, s'ils sont de peu d'importance, par suite de la purge nécessaire pour débarrasser les biens vendus de l'hypothèque légale de la femme présumée absente, difficulté qui aboutirait presque à une impossibilité absolue si le Ministère public, chargé par la loi de surveiller les intérêts des absents, s'avisait de prendre inscription d'hypothèque légale.

En dehors de ce cas où le mari a l'administration de tous les biens de la femme, ce qui peut encore avoir lieu sous le régime sans communauté, inusité en France, et sous le régime dotal si tous les biens de la femme sont dotaux, les actes d'administration, nécessaires, seront plus ou moins nombreux selon les circonstances, mais jamais on ne pourra rester pendant les cinq ans que dure au minimum la présomption d'absence sans que des mesures urgentes ne nécessitent une intervention. Il faut remarquer que, pendant cette première période de l'absence, l'état de mariage où se trouvera l'absent ne donnera pas lieu à des mesures spéciales. Certes oui, on prendra les dispositions qui seront nécessaires, en réalité on nommera un administrateur aux biens de l'absent, mais dans les mêmes formes et d'après les mêmes principes que si celui-ci n'était pas marié. Ce sera en vertu des articles 112 et suivants du Code civil qu'on demandera au tribunal d'ordonner les mesures né- cessaires. Dans le cas où l'absent ne laisse pas d'époux présent, on désignera, en pratique, un administrateur, soit que les héritiers présomptifs se mettent d'accord pour demander la nomination 'de l'un d'eux, soit que le tribunal désigne un curateur à succession vacante.

Mais si le présumé absent est marié, il est clair que le conjoint présent est tout désigné pour le suppléer dans l'administration des biens soit de la communauté, soit des patrimoines propres de chacun d'eux, et, sauf circonstances spéciales, ce sera lui que nommera le tribunal ; ce n'est pas une obligation pour les juges et si, par suite de dissipation ou de faiblesse d'esprit, l'époux présent était incapable de gérer, tout autre administrateur pourrait être désigné.

Le tribunal pourra d'ailleurs fixer les pouvoirs de celui qu'il chargera ainsi de l'administration ; il pourra l'autoriser à faire tel acte sortant des bornes de l'administration ordinaire ; en fait, tout dépendra des circonstances. Bien entendu toutes ces mesures seront essentiellement provisoires.

Il est un point qu'il faut ici mettre en lumière, c'est que nulle part le Code n'exige qu'il soit dressé inventaire des biens que laisse l'absent au moment de sa disparition ; ce serait cependant fort utile au point de vue du partage qui devra se faire plus tard. De la sorte, l'époux présent va en fait continuer à administrer les biens de son conjoint et ceux de la communauté, si c'est le mari, sans aucun contrôle, sans aucune espèce de garantie au profit des héritiers de la femme ; il pourra faire telles aliénations que bon lui semblera des biens de communauté, en disposer de toute manière comme si la femme était présente ; ses pouvoirs ne sont en rien altérés et cela sans que les héritiers de l'absente aient aucun droit de s'immiscer dans l'administration d'un patrimoine qui peut-être, probablement même, est pour partie leur propriété.

Le danger sera moins grave en cas d'absence du mari, parce qu'ici la femme n'acquiert de plein droit aucun pouvoir, elle ne reprend même pas l'administration de ses propres, elle ne peut donc rien aliéner sans autorisation formelle de justice, donnée en connaissance de cause. Tout ce qu'elle pourra faire, ce ne sera qu'administrer, toucher les revenus qui lui serviront à faire face aux charges du ménage auxquelles ne pourvoit plus le mari. Rien dans tout cela que de très naturel, mais il ne serait pas inutile, loin de là, d'exiger qu'il fût fait alors inventaire des biens de l'absent. Cela faciliterait, de façon incontestable, la liquidation qui sera passablement embrouillée, et, on peut le dire, très souvent impossible à faire avec quelque exactitude.

SECTION II

Période de l'absence déclarée

Lorsqu'un certain nombre d'années se sont écoulées depuis que l'absent a disparu ou qu'on a eu de ses nouvelles, cela peut varier de 5 à 11 ans, suivant qu'à son départ il a ou non laissé pour administrer ses biens un procureur fondé, l'absence peut être déclarée sur la demande de tous les intéressés parmi lesquels on doit classer l'époux présent. Supposons donc cette formalité remplie et voyons ce qui va se passer dans le cas où l'absent est marié, le seul qui rentre en notre sujet.

Nous devons tout de suite examiner un cas qui, en vérité, sera fort rare, c'est celui où, en vertu de l'art. 767 et de l'art. 140 combinés : l'époux présent se trouve être appelé par la loi à succéder à son conjoint. Il faut, pour que cela se produise que l'absent n'ait laissé ni successible ni enfant naturel reconnu, bien que l'article 140 ne parle pas de ces derniérs. Le langage du Code civil est peut-être défectueux mais le sens n'est guère douteux. Il n'est pas contesté que le conjoint présent serait écarté de la succession par les enfants naturels reconnus de l'absent, ou que du moins il n'aurait plus droit qu'à la portion que lui réserve, suivant les cas, la loi du 9 mars 1891.

Quand l'époux présent vient ainsi à la succession, il se trouve n'être plus qu'un envoyé provisoire ordinaire et ce sont les règles du droit commun en cette matière qui sont applicables. Il ne peut être question de modifications apportées à l'envoi provisoire par l'état de mariage de l'absent, l'époux présent n'est plus alors qu'un successeur comme un autre, chargé en cette qualité de l'administration provisoire des biens.

On est d'accord pour admettre que le droit de l'époux présent serait certain s'il n'existait comme préférable à lui qu'un héritier incapable, indigne ou renonçant. La seule question soulevée au sujet de l'art. 140, sans qu'à vrai dire elle ait une grande portée pratique, est celle de savoir si le droit du conjoint ne subsisterait pas en face d'un héritier habile à succéder mais qui ne ferait pas acte d'héritier. L'affirmative admise par de Moly, puis par Dalloz, avec correctif cependant, ne nous semble pas devoir être suivie. Si on admet que la seule inaction emporte en ce cas renonciation au profit de l'époux présent, il n'y a pas de raison pour refuser de l'admettre au profit de tout autre héritier, en sorte que, si pour une cause quelconque l'héritier le plus proche ne réclame pas l'envoi en possession provisoire, tout autre successeur plus éloigné pourra le demander et l'obtenir. Cela semble bien contraire au principe qui veut que la renonciation à un droit ne se présume pas, mais exige au contraire une volonté nettement manifestée. Il y a peu de chances d'ailleurs, il faut le reconnaître, pour que cela se passe jamais de la sorte, l'époux présent n'ayant aucun avantage à obtenir l'envoi en possession provisoire, s'il peut en être évincé postérieurement par un autre héritier plus proche.

De cette première hypothèse il faut rapprocher cette autre qui comporte une solution identique : l'époux est légataire ou donataire de tous les biens de l'absent, et il n'existe pas d'héritier à réserve empêchant ce testament ou cette donation de sortir son plein et entier effet. Les choses se passeront de la même façon absolument qu'au cas précédent et il y a identité de raisons ; ici encore ce n'est pas en sa qualité d'époux que le conjoint présent a droit à l'envoi provisoire, c'est uniquement en sa qualité de donataire ou de légataire, qualité qui aurait pu tout aussi bien reposer sur la tête d'un étranger si l'absent avait jugé bon de rédiger son testament d'autre manière ; l'état de mariage ne doit pas ici non plus être pris en considération.

Ces cas particuliers écartés, examinons comment les choses vont se passer dans les hypothèses ordinaires, c'est-à-dire lorsque l'époux présent ne peut pas comme successible, à défaut d'héritier qui lui soit préférable, demander l'envoi en possession provisoire des biens de l'absent, non plus qu'en qualité de donataire ou de légataire universel.

L'art. 13 du projet du Code civil n'avait admis, au cas où l'absent était marié, aucune dérogation au droit commun de l'envoi provisoire. Tout devant se régler provisoirement comme cela eût été réglé définitivement en cas de décès, il décidait simplement que lors de l'envoi en possession provisoire, l'époux de l'absent pourrait demander la dissolution provisoire de la communauté et exercer également, à titre de provision, tous les droits résultant de son contrat de mariage à la charge de donner caution ; ainsi rien de particulier, on opérait purement et simplement un partage comme après un décès, si ce n'est que tout était provisoire et que l'on exigeait caution.

Cet art. 13 réalisait évidemment un grand progrès sur l'ancien droit, où d'après ce que nous avons vu, une liquidation était bien opérée entre l'époux présent et les héritiers présomptifs de l'absent, mais où tous les biens de communauté demeuraient un assez long temps entre les mains des héritiers de l'absent qui en étaient tenus envers lui, ce qui privait l'époux présent à leur profit de la jouissance de sa part de communauté ou de ses droits légaux ou conventionnels ; tel était du moins ce qui se passait quand le mari avait disparu laissant sa femme présente, seule hypothèse envisagée par nos anciens auteurs.

C'est lors de la discussion de cet article au Conseil d'Etat, dans la séance du 11 septembre 1801 que le Premier Consul déclara que le projet devait s'occuper des femmes des absents pour empêcher les héritiers du disparu de venir chasser l'épouse de la demeure du mari ; et comme on objectait que la situation de la femme serait la même que celle des héritiers de l'absent puisqu'elle pourrait exercer les droits et avantages que lui aurait donnés la mort de son mari, le Premier Consul ajouta que cela était insuffisant et qu'il fallait encore pourvoir à ce qu'elle ne fût pas arrachée à ses habitudes et à ses affections pour l'intérêt des héritiers collatéraux ; qu'elle ne saurait être à la fois mariée et non mariée, et qu'il ne devait pas être au pouvoir des hériters de son mari de lui enlever son nom et son état si elle voulait les conserver.

Tel est le point de départ de l'innovation introduite dans ce système par l'art. 124, de la faculté accordée à l'époux commun en biens d'opter pour la continuation de la communauté, empêchant ainsi l'envoi provisoire, et l'exercice provisoire de tous les droits subordonnés à la condition du décès de l'absent.

Au reste, la discussion continua sur ce point, un peu confuse et sans que, malheureusement, elle soit venue jeter un jour complet sur le sens du texte adopté qui, à bien des égards, n'est pas irréprochable.

La pensée dominante du Premier Consul était que le sort de la femme serait trop malheureux si l'absence de son mari lui faisait perdre les avantages de leur union et cela semble bien avoir été la cause déterminante de la loi.

Ceci pourrait peut-être nous donner l'explication de cette singularité de l'art. 124 qui ne permet qu'au seul époux commun en biens d'opter pour la continuation de la communauté. Tous les auteurs sont d'accord pour déplorer cette restriction, et il saute aux yeux en effet que, dans bien des cas, il aurait été préférable pour l'époux présent, surtout si c'est le mari, de pouvoir exercer cette option même sous un régime autre que celui de la communauté.

Proudhon seul a voulu justifier le législateur dans un passage fort souvent cité et qui nous semble contenir en effet une grande part de vérité, surtout si on le prend pour une explication plutôt que pour une justification : « La loi n'accorde qu'à l'époux associé le droit de maintenir cet ancien état de choses, par ce qu'elle a voulu que sa faveur fût commune aux deux époux, et qu'il n'y a que le régime communal sous lequel cela puisse être ainsi ; car, pour obtenir l'administration légale préférablement aux héritiers, la femme ne peut avoir d'autre titre que sa qualité d'associée ; elle ne pourrait donc y prétendre si elle avait été mariée sans communauté, et dès lors, en demandant le maintien des choses comme auparavant, elle ne solliciterait qu'un état de privation pour elle-même puisque sa dot ne devrait plus lui être rendue (1). »

Nous croyons même qu'il faudrait aller plus loin et dire que le législateur a eu en vue presque exclusivement le cas où c'est le mari qui est absent. Toute la discussion a porté sur cette hypothèse, qui sera évidemment la plus habituelle, qui devait l'être surtout dans les temps troublés que l'on venait alors de traverser, de la femme présente aux prises avec les héritiers du mari. Bien que les termes de l'art. 124 visent incontestablement les deux époux, il est à croire cependant que les rédacteurs du Code civil ont été influencés par cette idée que la disposition s'appliquerait uniquement aux femmes présentes, qu'elles surtout avaient à souffrir de l'absence et qu'elles seules avaient besoin de protection ; aussi, cette idée aidant, ils ont pensé que, le régime de communauté étant le seul que la femme pût avoir intérêt à continuer, il était inutile de permettre,

(1) Proudhon, *op. cit.*, tome I, chap. 20, section 4, § 3.

dans les autres régimes, le maintien des conventions matrimoniales. Il en est résulté un manque de logique certain dans la loi.

Mais, quoi qu'il en soit, la lettre de l'art. 124 est trop claire pour qu'il soit possible d'étendre aux autres régimes la disposition qu'il renferme. On est d'accord cependant pour l'étendre le plus possible, et l'appliquer non seulement à la communauté contractuelle, à la communauté modifiée par quelque clause que ce soit, par exemple à la communauté réduite aux acquêts, mais encore au régime dotal auquel est adjointe une société d'acquêts. Il est admis également que, dans tous ces cas, l'époux présent prend l'administration non seulement des biens de communauté mais aussi des propres de l'absent quand bien même il s'en serait, par une clause spéciale, réservé la jouissance exclusive.

Marcadé a soutenu (1), mais sans que son opinion ait rencontré d'écho, que les époux mariés sous le régime dotal avec société d'acquêts étaient communs pour les biens compris dans la société d'acquêts seulement et que par conséquent, pour ces biens seuls, il y avait lieu à l'administration légale du conjoint présent, le reste du patrimoine devant rester soumis aux règles générales de l'envoi en possession provisoire. Ce sont là, nous semble-t-il, des distinctions incompatibles avec le texte de la loi. C'est à l'époux commun en biens que l'article 124 donne le droit d'empêcher l'envoi provisoire et de prendre ou conserver l'administration des biens de l'absent, de tous ses biens, sans distinguer entre ceux qui sont compris dans la communauté et ceux qui en sont exclus. Toutes les fois qu'il y a

(1) Marcadé, *op. cit.*, sur l'article 124, t. I, n° 392.

des biens soumis au régime de la communauté, quelle que soit l'importance de ces biens, il est vrai de dire que les époux sont communs ; puisqu'ils ont cette qualité, l'époux présent a droit d'invoquer l'article 124 pour obtenir l'administration légale de tous les biens sans distinction, qu'ils soient soumis aux règles du régime de communauté ou bien assujettis aux lois de tout autre régime matrimonial.

Nous en conclurons donc que, toutes les fois où il y aura communauté et que l'époux présent déclarera vouloir la continuer, il y aura lieu d'appliquer au patrimoine tout entier les règles prescrites par l'article 124.

Il est un autre point hors de doute, c'est que l'article 124 s'applique seulement aux biens que possédait l'absent au jour de sa disparition ou de ses dernières nouvelles, ce qui exclut les biens qui ont pu lui advenir depuis ; cela s'induit de la place occupée par notre article dans la Section 1 du Chapitre iii, intitulé « Des effets de l'absence relativement aux biens que l'absent possédait au jour de sa disparition ». Pour tous les droits qui se seraient depuis ouverts au profit de l'absent, il y aurait lieu d'appliquer les articles 135 et suivants du Code civil qui en règlent la dévolution.

Avant de voir quels sont les droits que va conférer l'administration légale à l'époux qui aura opté pour la continuation de la communauté, et les obligations dont il sera tenu, il nous faut au préalable examiner la question de savoir quelle sera l'époque où s'appliquera notre article 124 et à quel moment précis l'époux commun pourra obtenir cette administration.

Nous avons vu déjà que la présomption d'absence ne permet pas l'établissement d'un système d'administration fixe sur les biens de celui qui a disparu ; il ne peut être question dans cette période de l'administration légale, elle ne va commencer évidemment qu'avec la deuxième période. Nous verrons plus loin qu'elle ne peut pas non plus continuer pendant la troisième, après l'envoi en possession définitive ; l'administration légale n'est donc possible que pendant l'absence déclarée seulement. Si les héritiers font déclarer l'absence, pas de difficultés ; mais l'époux présent peut-il faire déclarer l'absence de son conjoint, puis, sans attendre que les héritiers présomptifs de l'absent interviennent pour demander l'envoi en possession, faire son option ? Qu'il ait le droit de faire déclarer l'absence, cela ne nous paraît pas douteux, surtout depuis la loi du 9 mars 1891, qui, dans tous les cas, le fait venir, comme usufruitier tout au moins, à la succession de l'absent ; et nous croyons que, l'absence une fois déclarée, l'époux présent peut faire son option, sans attendre que les héritiers présomptifs aient obtenu ou même demandé l'envoi en possession provisoire. Le texte même de l'article 124 nous dit que l'époux qui opte pour la continuation de la communauté pourra empêcher l'envoi provisoire, ce qui laisse bien entendre que cet envoi n'aura pas lieu et que l'option de l'époux présent se peut faire auparavant. Mais l'argument donné par Merlin (1) nous paraît plus décisif encore : « Mais, nous dit cet auteur, le doute disparaît par l'article 129. En effet, le point de départ du délai de trente ans après lequel, en cas de continuation de l'absence, cet article autorise tous les ayants droit de l'absent à demander le partage définitif de ses biens, c'est l'envoi provisoire ou l'époque à laquelle l'époux commun aura pris l'administration des biens de l'absent. Alternative

____

(1) Merlin. *Répertoire universel et raisonné de jurisprudence*, t. I, v° absent sur l'art. 124, § 2.

décisive : il en résulte clairement que l'époux commun peut prendre l'administration des biens de l'absent avant que les héritiers présomptifs aient obtenu l'envoi provisoire, car s'il ne pouvait la prendre qu'après, l'époque où il l'a prise serait indifférente dans le calcul du délai de 30 ans, ce délai courrait toujours nécessairement de l'envoi provisoire. »

Supposons que l'époux présent a fait son option et qu'il a préféré continuer la communauté ; l'administration légale est établie ; quelles vont en être les conséquences ?

Voyons les pouvoirs du conjoint administrateur légal : L'article 124 nous dit que l'époux commun en biens, s'il opte pour la continuation de la communauté, pourra empêcher l'envoi provisoire et l'exercice provisoire de tous les droits subordonnés au décès de l'absent et prendra ou conservera par préférence l'administration des biens de l'absent.

Prendre ou conserver, c'est-à-dire que la femme prend une administration qu'elle n'a pas, alors que le mari conserve une administration qu'il a déjà, et de ces deux mots on a tiré une série de différences entre les pouvoirs du mari présent et ceux de la femme.

Le mari conserve une administration qu'il avait déjà, cela d'abord n'est pas toujours exact, puisqu'il prendra l'administration des biens dont la femme se serait, par contrat de mariage, réservé même la jouissance ; par exemple, en cas de régime dotal pour les biens paraphernaux. Mais il faut convenir que la formule conviendra à la majorité des cas. On admet d'une façon générale que le mari, dont la femme est en état d'absence déclarée, conserve, par suite de son option pour la continuation de la communauté, tous les droits qu'il avait en sa qualité de chef, c'est-à-dire tous ceux que lui accorde le Code civil sans que l'absence de la femme puisse rien y modifier. Il aura donc le droit d'aliéner et d'hypothéquer les biens de communauté, sauf, bien entendu, l'hypothèque légale de la femme absente que pourront faire inscrire ses héritiers et le Ministère public, et, en ce qui concerne les aliénations à titre gratuit, sous les restrictions que lui imposent les articles 1422 et suivants du Code civil.

Proudhon a émis une opinion contraire, mais il est resté seul de son avis : « En temps ordinaire, dit-il, le mari administrant la communauté peut aliéner et hypothéquer les fonds qui en dépendent ; ici le pouvoir ne peut être aussi étendu, car si la mort est reportée à la disparition, les aliénations d'immeubles ne pourront être frustratoires à l'égard des héritiers qui remonteraient au jour du décès pour demander compte à l'administrateur légal (1). »

Il est certain que l'on va avoir quelques difficultés au sujet de ces aliénations si l'on admet la théorie dominante en doctrine qui, faisant rétroagir au jour de la disparition ou des dernières nouvelles de l'absent, la présomption de sa mort, enseigne que c'est de ce jour-là aussi que devra être réputée dissoute la communauté. Va-t-on pouvoir inquiéter les tiers qui auront acheté du mari présent des biens dont il n'était plus propriétaire que pour partie au moment où il les a vendus ? Devra-t-on au contraire maintenir à leur égard les aliénations à eux consenties et ne donner aux héritiers de la femme qu'un recours peut-être illusoire contre le mari ? Devra-t-on alors céder à cette considération que l'on doit maintenir les actes faits par ceux à qui la loi donne le pouvoir de les faire, ou bien faire in-

____

(1) Proudhon, *op. cit.*, ch. xx, section 4, § 3.

tervenir l'idée d'un mandat que la femme absente serait censée avoir donné à son mari?

Nous sommes tentés de penser que Proudhon a raison et que le mari présent ne peut avoir ici le pouvoir d'aliéner ni celui d'hypothéquer. Que dit l'article 124? Il conserve simplement au mari présent l'administration de la communauté, mais rien de plus, il n'ajoute pas que celui-ci gardera aussi les autres pouvoirs que lui confère l'article 1421 et qui, sans aucun doute, ne rentrent pas dans les pouvoirs d'administration ; il ne dit même pas que le mari conserve cette administration dans les mêmes termes qu'auparavant. Et certes il s'est produit un changement fort important. On ne sait plus en fait si oui ou non le mariage est dissous ; on suppose qu'il continue, soit ; mais ceci n'est qu'une fiction qui peut très bien se trouver contraire à la réalité. Que la loi donne à l'époux présent l'administration des biens de son conjoint absent, cela se comprend parfaitement, mais qu'elle permette au mari présent de dépouiller les héritiers présomptifs de sa femme, c'est ce qui nous paraît exorbitant. Certes, nous convenons avec M. Laurent que le prix des immeubles aliénés sera partagé entre le mari et les héritiers de la femme, mais ce partage aura lieu à la fin de l'administration légale et il suppose la solvabilité du mari. D'autre part, il serait très dur de donner à ces héritiers un recours contre les tiers qui n'ont aucune faute à se reprocher. Tous les auteurs ont si bien senti l'impossibilité d'un tel recours, qu'ils déclarent tous irrévocables les aliénations ainsi permises au mari.

Mais alors si on ne peut donner aux héritiers de la femme d'autre ressource que de renoncer à la communauté si elle est mauvaise, il ne faut pas, nous semble-t-il, reconnaître, sans un texte formel, un tel pouvoir au mari.

Ce texte décisif nous le cherchons en vain dans l'article 124 qui ne parle que de l'administration et nullement des droits d'aliénation.

Bien plus, cet article 124 met sur le même plan l'envoyé provisoire et l'époux administrateur légal; or, pour l'envoyé provisoire, nous avons l'article 128 qui, formellement, lui retire le droit d'aliéner et celui d'hypothéquer ; pourquoi les reconnaître à l'époux administrateur légal ?

La situation du mari, dira-t-on, n'a pas changé ; mais si, il y a eu une modification très importante, il reste chef de la communauté tant que dure le mariage, c'est vrai ; mais justement ici l'incertitude où l'on se trouve devait produire des effets comme elle en produit sur le lien du mariage. Il est illogique, semble-t-il, de faire rétroagir, au cas où la femme ne revient pas, la dissolution de la communauté à l'époque de la disparition, alors que d'un autre côté on permet au mari de consentir des aliénations irrévocables sur les biens de communauté. Quels que soient les pouvoirs qu'on lui reconnaisse, même si l'on admet qu'il peut aliéner, on est cependant forcé de reconnaître qu'il ne peut concéder à autrui plus de droits qu'il n'en a lui-même sur les biens de communauté. L'idée de mandat que l'on a mise en avant ne paraît guère à l'abri des objections. Comment peut-on faire intervenir, dans le cas où la femme ne revient pas, cette idée que les aliénations consenties par le mari l'ont été comme mandataire de sa femme, mandat dont il ignorait la cessation, puisqu'il ignorait si l'absente était ou non encore en vie. C'est une extension exagérée de l'article 2008 du Code civil. On conçoit que des raisons d'utilité aient fait admettre un adoucissement à la rigueur des principes, alors que rien ne pouvait faire supposer au mandataire la mort du mandant et la fin de son mandat, mais nous ne sommes nullement dans une hypothèse semblable. L'absent n'est pas réputé mort, c'est vrai, mais il y a de grandes vraisemblances qu'il le soit, et il est hors de doute que le mandataire ordinaire qui voudrait traiter en vertu d'un mandat donné par une personne aujourd'hui en état d'absence, courrait grand risque de voir annuler les opérations qu'il aurait pu faire de la sorte ; pourquoi en serait-il autrement du mari qui n'a même pas un mandat régulier et n'est tout au plus qu'un gérant d'affaires.

Quant à nous, il nous semble que le mari n'a pas, en tant que chef de communauté, un pouvoir aussi exorbitant ; qu'il aliène, c'est affaire entre les tiers et lui, mais si la femme absente ne revient pas, il n'a pu le faire en ce cas que comme co-propriétaire des biens de communauté. Si la femme revient, l'aliénation sera alors irrévocable puisque la communauté sera censée avoir continué sans interruption. Dans le cas contraire, la vente ne sera pas opposable aux héritiers de la femme. Les acquéreurs auront un moyen de se mettre à l'abri, qui sera d'exiger, pour traiter avec le mari, la signature des héritiers présomptifs de la femme, co-propriétaires probables des biens dépendant de la communauté continuée.

Dans tous les cas, il n'y a pas la même difficulté à l'égard de la femme présente et l'on s'accorde pour reconnaître que, sur les biens du mari comme sur ceux de la communauté, elle n'aura que les pouvoirs d'un envoyé en possession provisoire. En effet, elle prend ici une administration à laquelle normalement elle n'aurait jamais pu prétendre ; c'est par suite de l'absence qu'elle y est appelée, et ce sont uniquement les pouvoirs que lui confère la loi à ce titre, qu'elle pourra invoquer. Sa qualité de commune ne lui donne aucun pouvoir sur les biens de la communauté, et le titre de l'absence au Code lui donne seulement l'administration des biens de l'absent et de ceux de la communauté.

On a voulu soutenir (1) que la femme, prenant l'administration de la communauté continuée, administration abandonnée par le mari, devait la posséder telle que l'avait celui-ci, avec les mêmes pouvoirs. On a fait intervenir pour justifier ce système l'idée d'un mandat tacite, confié par le mari, à sa femme, lors de son départ ; il est certain que rien n'empêcherait un mari de donner à sa femme procuration, pour faire tel acte de disposition que l'on voudra ; la femme pourra évidemment accomplir en sa qualité de mandataire des actes qu'elle ne pourrait valablement faire pour son propre compte ; mais ici encore cette idée de mandat nous paraît contraire aux faits ; et certes il serait regrettable de donner à la femme de tels pouvoirs sur des biens qui, vraisemblablement, ne lui appartiennent plus qu'en partie. Nous avons contesté que le mari conservât entier son droit de chef de la communauté et montré à quels résultats fâcheux cela pouvait conduire, il serait bien inconséquent d'introduire ici au profit de la femme un droit aussi exorbitant, que ne lui reconnaît pas le Code civil.

(1) DEMANGEAT, note sur la 13ᵉ édition des *Répétitions du Code civil* de Mourlon, t. I, page 262 sur le n° 449.

SECTION III

Des garanties exigées du conjoint administrateur légal.

La loi exige, de ceux qui demandent l'envoi provisoire, certaines garanties de restitution, pour le cas où, par suite de circonstances quelconques, ils seraient tenus de restituer tout ou partie des biens dont ils prennent possession, soit à l'absent lui-même de retour, soit à d'autres héritiers plus proches, soit à des légataires inconnus pour le moment. La question est de savoir si les mêmes garanties sont exigées de l'époux administrateur légal.

L'article 126 du Code civil impose expressément à cet époux l'obligation de faire procéder à l'inventaire du mobilier et des titres de l'absent, en présence du Procureur de la République ou d'un juge de paix requis par celui-ci. On discute le point de savoir ce que la loi a voulu désigner par biens de l'absent ; les avis sont assez divisés ; pour les uns il faut distinguer entre le mari et la femme, la femme présente devant comprendre dans l'inventaire non seulement les biens personnels du mari, mais encore les biens de communauté, qui, jusqu'à la dissolution du mariage, sont considérés comme biens du mari. Ce dernier au contraire ne devrait faire inventaire que des biens personnels de la femme, car eux seuls sont biens d'absent.

L'autre théorie au contraire exige que l'époux présent, que ce soit le mari ou la femme, comprenne en l'inventaire, tant les biens personnels de l'absent que ceux qui forment la masse de communauté. Et c'est ce système qui nous semble préférable de beaucoup. L'idée qui paraît avoir suggéré la première interprétation est que l'époux présent ne doit faire inventaire que des biens, dont il sera normalement comptable envers les héritiers de l'absent ; or, dit-on, le mari ne peut être comptable des biens de communauté, puisqu'il garde la propriété de ces biens, sous les seules restrictions que lui imposent les règles générales de la communauté.

Nous pensons au contraire que l'idée principale, qui a fait ici imposer l'inventaire, est le besoin que l'on éprouve d'avoir une base fixe pour le partage qui aura lieu plus tard, selon toutes probabilités, entre l'époux présent et les héritiers de l'absent. Qu'on le remarque bien en effet, voici cinq ans au moins que l'époux a disparu, que son patrimoine est resté livré aux hasards d'une administration mal définie, en réalité peu surveillée ou même pas surveillée du tout par le ministère public ; l'époux présent a pu faire tout ce qu'il a voulu sans que les héritiers eussent rien à y voir. Puis, au bout de ce laps de temps, la loi va permettre à ce conjoint de conserver encore, jusqu'à l'envoi définitif, cette administration. Ce n'est que lors de cet envoi définitif, c'est-à-dire normalement 35 ans après la disparition, qu'il va falloir procéder à un partage entre l'époux présent et les héritiers de l'absent. Dans ce partage, la masse partageable se composera, seulement, des biens qui appartenaient à l'absent au jour de sa disparition ou des dernières nouvelles que l'on a eues de lui. Pour effectuer ce partage, les seuls renseignements précis que l'on aura seront ceux de l'inventaire qu'exige ici la loi. Ce sera déjà fort insuffisant, car un inventaire, fait au moins cinq ans après la disparition, sera probablement erroné. Il est à peu près impossible qu'un patrimoine reste cinq ans sans se modifier.

Mais, bien que faux, cet inventaire sera cependant la seule chose qui permettra de déterminer, avec le moins d'inexactitude possible, les droits des parties. Pour qu'on puisse ainsi s'en servir, il est donc de toute nécessité qu'il contienne le plus de renseignements possible ; c'est dire que nous croyons qu'il faudrait y comprendre même le détail des biens propres à l'époux présent, dont les revenus, tout au moins, intéressent la communauté.

On a beaucoup discuté aussi le point de savoir si l'époux, optant pour la continuation de la communauté, devait donner caution ; et nous serions tentés de nous en étonner, à l'exemple de M. Laurent (1), tant le texte de l'article 126 nous paraît limpide, sur cette question tout au moins. Plusieurs auteurs cependant se sont prononcés pour l'affirmative sans que du reste ils soient parvenus à se mettre d'accord sur autre chose que sur le principe. Les uns exigent caution de la femme et non du mari, les autres l'exigent des deux. Les raisons qui sont invoquées dans les deux branches de cette opinion, pour tourner la lettre de l'article 126, qui, pensons-nous, ne l'exige jamais quand l'époux présent opte pour la continuation de la communauté, peuvent se résumer ainsi : On invoque d'abord la raison d'utilité ; la caution serait utile, cela n'est pas douteux ; l'époux présent peut être tenu d'opérer des restitutions, aussi bien dans le cas où il opte pour la continuation de la communauté, que dans celui où il préfère la dissolution provisoire. Pourquoi donc l'article 126, qui, formellement, l'exige pour la seconde alternative, ne l'exigerait-il pas aussi dans la première. Le texte n'est pas aussi explicite, mais la raison de décider est la même dans les deux cas.

(1) Laurent, *op. cit.*, tome II, n° 210.

On argumente ensuite de l'article 129, qui, comprenant en ses prévisions les deux hypothèses de l'envoi en possession provisoire et de l'administration légale, décide qu'après un certain temps, les cautions seront déchargées, ce qui suppose bien évidemment qu'il en aura été donné.

Enfin de Moly, qui traite en détail cette question, a encore voulu se prévaloir de ce que le texte des procès-verbaux imprimés à l'Imprimerie du Gouvernement (an XII-1804) porte, après les mots « des biens de l'absent », deux points. Cette rédaction, dit-il, intitulée rédaction définitive, a été arrêtée directement dans les discussions au Conseil d'Etat et faite par le rapporteur lui-même ; cela ferait donc croire que sa ponctuation est la bonne, et dans ce cas, les deux points n'annonceraient rien de plus que la fin d'une période dont le sens est complet, mais qui est suivie de quelque chose s'y rattachant, soit pour modifier, soit pour expliquer ce sens ; on serait alors fondé à soutenir que ce quelque chose est le membre de phrase qui termine l'alinéa (1).

Cet argument nous semble avoir assez peu de valeur, car, De Moly lui-même est obligé d'en convenir, le seul texte officiel « l'Edition originale et seule officielle » porte un point après les mots « des biens de l'absent ».

Il nous paraît aussi qu'il ne faut pas attribuer une grande importance à un autre argument que le même auteur tire de la loi du 13 juin 1817. De cette loi, dit-il, il résulte nettement que le législateur a cru avoir imposé l'obligation de donner caution à l'époux administrateur légal ; peu importe que le législateur ait cru avoir imposé cette obligation, si en réalité il ne l'a pas fait. Nous pensons, quant à

(1) De Morly, *op. cit.*, n°s 580 et suivants.

nous, que le texte précis de l'article 126 ne laisse place
à aucun doute, puisque, parlant dans un premier alinéa de
la continuation de la communauté, il est muet sur la question de caution, alors que dans le deuxième alinéa il impose
formellement l'obligation de la fournir à l'époux qui opte
pour la dissolution provisoire.

On peut répondre, sans trop de difficultés, à l'argument
tiré de l'article 129. Ce texte n'a qu'un objet, décider quand
les cautions fournies seront déchargées de leurs obligations, mais ne n'est pas à lui qu'il faut se référer pour savoir
quand il y aura lieu de donner caution ; il ne prévoit nullement cette hypothèse réglée uniquement par l'article 126.

La caution pourra certainement être utile dans bien des
cas, mais cela suffit-il pour l'exiger et imposer à l'époux
une charge nouvelle dont la loi ne parle pas ? La loi étant
muette sur la question, répond M. Demante (1), le plus
sage serait de s'en rapporter à la prudence des juges qui
l'exigeront quand cela leur semblera avantageux. Mais
justement avouer que la loi est muette, n'est-ce pas dire en
même temps que la caution n'est pas due et par conséquent
que le juge ne peut pas, sans excès de pouvoir, imposer à
l'époux l'obligation de la fournir.

La jurisprudence n'est pas bien riche sur la question et
nous ne trouvons guère qu'un arrêt de la Cour de Paris du
26 janvier 1826 qui décide dans le sens de l'affirmative par
ces simples mots : « La Cour : considérant que, des dispositions des articles 124 et 129 du Code civil, il résulte que
l'époux qui opte pour la continuation de la communauté
est tenu de donner caution... »

(1) Demante, *Encyclopédie de Sebire et Carteret*, v° absent,
n° 84, tome I, page 35.

Cela peut ne pas paraître décisif, et nous n'hésitons pas, même après cet arrêt, à croire juste le système que nous avons défendu plus haut.

SECTION IV

Des diverses manières dont prend fin l'administration légale du conjoint présent.

L'administration du conjoint présent peut prendre fin de six manières différentes que nous classerons en deux catégories suivant que la cessation résultera ou non du retour de l'absent ou de nouvelles reçues de lui.

La première catégorie comprend d'abord le cas du retour de l'absent, et celui où l'on en reçoit des nouvelles prouvant de façon péremptoire qu'il est encore en vie. Alors l'administration légale du conjoint présent cesse pour faire place à l'administration ordinaire de la communauté qui a subsisté sans interruption en fait comme en droit.

Un autre cas de cette première catégorie est celui où l'on apprend le décès de l'absent ; l'administration légale prend fin puisque l'absence cesse.

Dans la seconde catégorie nous rangerons les quatre cas où l'administration du conjoint présent prend fin sans que cesse l'absence ; ces quatre cas sont : l'envoi en possession définitive, la renonciation du conjoint présent à ladite continuation, son absence déclarée et sa mort.

Ces quatre cas ont ce lien commun, que l'absence continue et que l'administration légale, provisoirement installée, fait place à une administration d'autre sorte qui n'est pas définitive, elle non plus, encore que, dans un cas, elle porte le nom d'envoi en possession définitive.

Lorsque trente ans, en effet, se sont écoulés depuis la déclaration d'absence, ou lorsque l'absent a atteint l'âge de cent ans, la présomption de mort l'emporte et l'on envoie en possession de ses biens ceux qui étaient ses héritiers présomptifs, au jour de sa disparition ou des dernières nouvelles reçues de lui. C'est de ce jour en effet que l'absent est réputé mort ; c'est aussi de cette date seule qu'on tiendra compte pour déterminer, dans les trois autres hypothèses, les héritiers qui vont prendre l'administration des biens de l'absent, délaissée par son conjoint. La mort de l'époux, présent, pendant cette administration, ne fait pas non plus l'objet de difficultés spéciales ; l'envoi en possession provisoire sera prononcé, puisque l'obstacle qui s'opposait à cet envoi aura disparu.

Mais il nous faut insister sur les deux autres causes parce qu'elles peuvent, soit faire l'objet de discussions doctritrinales, soit surtout créer des difficultés nombreuses en pratique.

L'époux peut renoncer à administrer la communauté après s'en être d'abord chargé ; cela avait fait l'objet de quelques doutes aujourd'hui dissipés. La raison de douter était que le Code civil donnant une option au conjoint, celui-ci ne devait plus pouvoir ensuite revenir sur le choix par lui fait. Pas de doute, disait-on, que si le conjoint présent avait opté pour la dissolution de la communauté, il ne pourrait plus, ensuite, revenir sur sa décision, et obliger les envoyés en possession provisoire à lui remettre les biens de l'absent à eux confiés ; pourquoi donc dans l'hypothèse inverse pourrait-il revenir sur son option ? Il est résulté de cette situation des droits au profit de tiers, de l'absent notamment,

droits que ne peut violer le conjoint présent. On pourrait
ajouter encore que l'article 12 du projet du Code civil a été
supprimé, alors que cet article accordait expressément cette
faveur à l'époux administrateur légal.

Malgré ces raisons, tout le monde admet que l'époux
présent, que ce soit le mari ou la femme, peut renoncer à
l'administration légale dont il avait tout d'abord assumé le
fardeau. La faculté que donne la loi au conjoint présent de
continuer la communauté, est un privilège établi en sa faveur, auquel il peut toujours renoncer ; et s'il est vrai que la
loi prenne en considération l'intérêt de l'absent, il est difficile de dire cependant que cette option crée à son profit un
droit acquis auquel on ne peut porter atteinte. Enfin il est
encore un argument qu'on peut tirer de l'article 124 du
Code civil, mais au profit de la femme seule ; on peut dire
en effet que si la loi lui accorde le droit de renoncer, alors
qu'elle est dissoute, à une communauté qu'elle a gérée,
comment ne lui permettrait-elle pas *a fortiori* de renoncer à
cette gestion ; d'ailleurs nous ne pensons pas devoir insister
outre mesure sur une question qu'on peut considérer comme
hors de controverse de nos jours.

Il nous faut dire un mot de la cessation de l'administration légale par la déclaration d'absence du conjoint présent.
Si l'époux qui a opté pour la continuation de la communauté
vient à disparaître, que va-t-il se passer ? La disparition,
avons-nous vu, n'influe en aucune manière sur les conventions matrimoniales du disparu, et permet simplement de
prendre les mesures commandées par la nécessité relativement à son patrimoine, mesures que prescrira le tribunal.
Ce qui semble bien résulter de là, c'est que la continuation
de la communauté ne sera pas interrompue par la disparition du conjoint administrateur légal, et que les mesures

que croira devoir ordonner la justice, s'appliqueront aux deux patrimoines, au lieu de s'appliquer, comme en cas ordinaire, aux seuls biens du présumé absent. Et cet état de choses pourra durer jusqu'à la déclaration d'absence du conjoint qui avait l'administration légale, c'est-à-dire au moins pendant cinq ans.

Solution logique, mais absolument déplorable, puisqu'elle va ainsi priver, pendant un temps fort long, les héritiers du premier absent, de la jouissance des biens de celui-ci, jouissance pour laquelle on pouvait comprendre que le conjoint présent leur fût préféré, mais dont il est tout à fait injuste de les priver, lorsque ce dernier ne peut plus en profiter. Que les héritiers ne puissent se plaindre lorsque le conjoint administre mal les biens de l'absent, c'est déjà dur, mais qu'on leur refuse cette administration délaissée par ce conjoint, c'est ce qui semble tout à fait injustifié.

Aussi espérons-nous que, dans cette hypothèse, les tribunaux auront le bon esprit de confier aux héritiers présomptifs de l'absent, premier disparu, l'administration de ses biens à laquelle nul autre qu'eux ne peut avoir autant d'intérêt ; cela évitera l'abandon de ce patrimoine, mais ce sera, à notre avis, très insuffisant encore. Les héritiers présomptifs ne seront pas alors des envoyés provisoires, avec le droit aux fruits que pourrait leur concéder ce titre, ils seront simplement curateurs d'une partie ou de la totalité des biens d'une personne disparue ; ils auront les pouvoirs que leur a conférés spécialement le tribunal, auquel ils devront se référer pour prendre toutes les mesures nécessaires. Il ne serait que juste, enfin, que le salaire des héritiers présomptifs de l'absent déclaré fût, en ce cas, fixé par le juge, en tenant compte de leur position spéciale, et du fait que normalement ils devraient être en possession provisoire et acquérir les fruits.

On voit donc que le tribunal pourra corriger en partie l'injustice de la loi ; mais s'il le peut, rien ne l'y oblige, et il pourrait très bien, dans l'hypothèse que nous examinons, confier à quelque curateur étranger tout le patrimoine dont l'époux disparu avait l'administration. Ce serait, nous le répétons, une solution contraire à toute équité, mais nous pensons qu'elle ne violerait aucune loi.

Lorsque le conjoint, qui avait opté pour la continuation de la communauté, est lui-même déclaré absent, il n'y a alors plus de doute, et il faut appliquer les règles de l'envoi en possession provisoire.

Nous n'avons pas mentionné, dans les causes qui mettent fin à l'administration légale du conjoint présent, la séparation de biens par laquelle les héritiers de l'époux absent pourraient se défendre contre les dilapidations du conjoint administrant de mauvaise foi, ou même simplement de façon maladroite. C'est qu'il nous paraît assez difficile d'admettre cette cause de cessation de l'administration légale. Oui, certes, ce serait fort utile, indispensable même dans bien des cas, pour préserver des héritiers, qui seront peut-être en désaccord avec l'époux administrateur légal, mais cela n'est pas suffisant, croyons-nous, pour introduire ce remède exceptionnel sans un texte formel qui l'autorise.

Demolombe, le promoteur de ce système, reconnaît qu'on ne peut argumenter, pour y arriver, de l'article 1446, qui permet aux créanciers personnels de la femme d'exercer ses droits en cas de faillite ou de déconfiture du mari, jusqu'à concurrence du montant de leurs créances. Et, à bien dire, il ne s'agit pas, dit cet auteur, d'une séparation de biens proprement dite, mais de la sanction de ce principe :

« Quiconque ne remplit pas les conditions sous lesquelles
un droit lui est concédé peut, en général, être déchu de ce
droit ». Ce qui conduit à l'appliquer contre la femme aussi
bien que contre le mari. Nous admettons bien, avec Demolombe, que ce principe est appliqué dans un grand nombre
d'articles du Code civil, mais chaque cas d'application est
prévu par un texte, et ici nous n'en avons pas.

Il est fort regrettable qu'il fasse défaut en notre matière,
d'autant plus que la loi s'est assez peu préoccupée des intérêts des héritiers présomptifs, et n'a même pas exigé caution
de l'époux administrateur légal.

Nous allons examiner l'effet produit par la cessation de
la communauté continuée, et notamment les difficultés qui
se sont élevées sur le point de savoir à partir de quelle
époque la communauté sera réputée dissoute, si elle le sera
ex tunc, c'est-à-dire rétroactivement, ou bien *ex nunc*, c'est-
à-dire du jour seulement où l'administration légale aura
pris fin.

Sur ce point, trois systèmes ont été proposés, dont les deux
premiers arrivent à la même solution, la résolution *ex nunc*
de la communauté.

Delvincourt part du principe que c'est la communauté
elle-même qui continue avec tous ses effets, malgré la présomption de mort qui se produit lors de la déclaration
d'absence. « En effet, dit cet auteur (1), si l'absent ne revient pas, on le répute mort du jour de sa disparition, mais
cela n'empêche pas la communauté d'avoir duré valablement trente ans à compter de la déclaration d'absence ; donc,
la loi a voulu qu'elle continuât tant que l'incertitude dure. »
Delvincourt pousse cette idée-là si loin, que, pour lui, dans

(1) Delvincourt, *Cours de code civil*, note 4 sur la page 51.

le cas où la mort de l'absent vient à être prouvée, il répute la communauté dissoute, non du jour de la mort, mais du jour où on a eu connaissance de cette mort. « Si la présomption de mort n'empêche pas la continuation de la communauté, jusqu'au moment où la loi attache à la prolongation de l'absence tous les effets de la mort véritable, le décès lui-même ne doit pas l'empêcher davantage jusqu'au moment où la nouvelle certaine est parvenue. »

Les résultats de ce système sont de faire considérer la communauté conjugale comme une société pure et simple sous l'administration de l'un des associés. Les co-associés seront les héritiers au jour où l'absent est réputé mort, c'est-à-dire au jour de sa disparition ; ils seront censés avoir apporté ce jour-là, dans la société, les biens de l'absent, en y comprenant sa part dans la communauté à cette époque, et le tout aura été administré, pour leur compte, par le conjoint présent qui pourra être considéré, en quelque sorte, comme leur mandataire, comme le gérant qu'ils auraient choisi pour administrer quelque société dans laquelle ils auraient des intérêts.

Un deuxième système professe qu'il s'agit là de ce qui se passait dans l'ancien droit, lorsque le conjoint survivant négligeait de faire inventaire, après le décès du premier mourant. La communauté se continuait alors entre lui et les enfants mineurs du prédécédé. On appelait cela aussi « continuation de communauté », expression que l'on retrouve dans les articles 124 et 126, où elle a sans doute le même sens qu'elle avait dans l'ancien droit, encore subsistant au moment où a été décrété le titre de l'absence.

On a voulu argumenter aussi de ce fait que le Code n'appelle jamais « provisoire », cette communauté qui continue, afin de montrer, dit-on, qu'elle continue réellement jusqu'à l'événement qui la fera cesser *ex nunc*.

Le grand argument que peuvent invoquer ces deux systèmes, c'est qu'ils évitent, entre les parties, des comptes compliqués et souvent impossibles à établir. Que va-t-il se passer en effet? On a vu que la seule base, pour dresser le compte entre les ayants droit à l'époque des dernières nouvelles, se trouve être l'inventaire, qu'est obligé de faire l'époux présent au moment de son option ; cet inventaire ne donne déjà pas, d'une façon bien exacte, la composition de la masse à partager, puisqu'il a été dressé au moins cinq ans après la disparition. Et pendant les 30 ans que peut durer l'administration légale, que vont devenir ces biens? Des modifications profondes se seront produites inévitablement, la valeur de ces biens aura augmenté ou diminué, disparu peut-être ; comment arriver à faire, après tout cela, un partage qui ne soit pas purement fictif? et qui ne devienne pas le germe de procès nombreux? Comment pourra-t-on connaître la part qui peut revenir à chacun, surtout, si l'on prend l'hypothèse, ou l'administration légale prend fin par la mort du conjoint administrateur, le seul qui aurait pu donner quelques renseignements précis sur les modifications survenues dans le patrimoine de l'absent. Mais cet avantage est compensé par des inconvénients multiples. On sait qu'en vertu de l'article 136 du Code civil, l'absent sera écarté des successions qui pourraient lui échoir, successions qui seront dévolues exclusivement à ceux, avec lesquels il aurait eu le droit de concourir, ou qui les auraient recueillies à son défaut. Ce serait donc une source tarie pour la communauté du chef de l'absent. Est-il admissible alors, que les successions advenues au conjoint présent tombent en communauté pour la partie mobilière? Ce serait d'une injustice criante. Et si l'on comprend qu'il en fût ainsi dans la communauté, qui se continuait, dans l'ancien droit, entre l'époux survivant et les enfants mineurs du prédécédé, c'est qu'alors cette continuation de communauté était à peine infligée à l'époux qui avait négligé de faire inventaire. Il en est tout autrement en notre cas où la continuation de communauté est un bénéfice, que la loi accorde au conjoint commun en biens.

D'autre part, l'article 136 est trop formel pour que l'on puisse en écarter l'application, dans le cas qui nous occupe, et faire tomber, malgré son texte, les meubles échus à l'absent par succession ou legs, dans la communauté. Par conséquent, pour ne pas violer l'équité, il faut nécessairement trouver un système qui écarte de la communauté les biens échus au conjoint présent par successions, dons ou legs.

C'est ce qu'a essayé de faire Demante (1), qui tout en faisant tomber dans la communauté continuée tous les acquêts faits par le conjoint administrateur légal, soit pendant la présomption d'absence, soit depuis la déclaration d'absence, enseigne que l'époux présent conservera propres les biens à lui échus par successions ou donations, depuis la disparition de l'absent ou les dernières nouvelles qu'on a reçues de lui.

Au reste Demante paraît encore se séparer des deux autres systèmes en ce qu'il admet la dissolution de la communauté, si le décès de l'absent est prouvé, à compter du jour de ce décès. C'est à ce jour qu'il faudra se reporter pour prendre la consistance de la communauté et en opérer le partage. Les partisans des deux premiers systèmes, au

____

(1) DEMANTE et COLMET DE SANTERRE, *Cours analytique de code civil*, tome I, n° 162bis VII.

contraire, déclarent que, même si le décès de l'absent est connu de façon certaine, ce n'est pas au moment où ce décès s'est produit, mais au moment où a pris fin la jouissance légale qu'il faut réputer dissoute la communauté.

Quels que puissent être les avantages pratiques du système de Demante, et nous verrons qu'ils sont réels, nous n'hésitons pas à préférer le système dans lequel on répute la communauté dissoute rétroactivement, soit du jour où l'absent est mort, si on vient à le connaître, soit du jour de sa disparition ou des dernières nouvelles qu'on a eues de lui. C'est ce système qui triomphe en doctrine et que la jurisprudence a consacré.

La règle que l'on doit appliquer pour décider la question nous paraît être la suivante : C'est aux dernières nouvelles que la présomption de mort est reportée, comme le prouve l'article 131, c'est à cette époque aussi que doit être réputée dissoute la communauté. N'est-ce pas à ce moment que la succession de l'absent sera réputée ouverte et cela sans qu'il y ait eu envoi en possession provisoire au profit des héritiers présomptifs de l'absent ou administration légale du conjoint présent? Pourquoi n'en serait-il pas de même de la communauté?

Nous ne pensons pas qu'on puisse argumenter de la continuation de communauté qui avait lieu sous l'ancien droit et que le Code civil a eu justement pour effet de supprimer. Il serait assez bizarre, on l'avouera, que la loi l'eût abolie dans sa fonction ordinaire, pour l'établir dans une hypothèse où elle n'existait pas; nous avons déjà vu que l'ancienne continuation de communauté était une peine, contre le conjoint survivant, de n'avoir pas fait inventaire; ici, au contraire, c'est un bénéfice que la loi accorde au conjoint présent, pour le défendre contre les exigences des héritiers de l'absent.

Enfin si nous avons montré que les deux premiers systèmes étaient fort injustes en ce sens qu'ils faisaient tomber en communauté toutes les acquisitions à titre gratuit faites par le conjoint présent, alors qu'il n'en pouvait tomber aucune du chef de l'absent, il faut montrer que celui de Demante n'est pas, lui non plus, tout à fait exempt du reproche d'injustice. Comme les deux autres en effet, il fait tomber dans la communauté les acquêts faits par l'époux présent pendant l'administration légale, les fruits de son travail, de son industrie; mais, comme Demante lui-même est obligé de le reconnaître, c'est du chef du conjoint présent seul que de telles acquisitions seront possibles, et l'idée maîtresse de la communauté, la collaboration des deux époux pour mettre en commun les gains, cette idée a disparu dans notre cas.

De plus, si ce système est moins injuste que les deux premiers, il est arbitraire, car il est bien difficile de trouver sur quelle base légale on peut le fonder; il introduit une distinction dont la loi ne parle pas; c'est un système de pure utilité, et c'est sur ce terrain qu'il faut se placer pour le juger.

Il n'y a pas à se dissimuler qu'il semble rendre assez simples les comptes qu'auront à faire entre eux l'époux présent et les héritiers présomptifs de l'absent, c'est-à-dire ceux qui étaient ses héritiers au jour de sa disparition, et de ses dernières nouvelles, ou au jour de sa mort si on vient à le connaître. Cela évite surtout ces recherches longues et compliquées qu'on sera obligé de faire pour connaître le sort pendant cette longue période de temps des biens qui composaient la part de l'absent dans la communauté telle qu'elle existait au jour de sa disparition.

On peut regretter que le législateur n'ait pas consacré cette théorie, mais, nous avons exposé plus haut pourquoi nous ne croyons pas possible de l'admettre en raison des dispositions de la loi.

SECTION V

Du sort des fruits durant la Communauté continuée.

La communauté étant dissoute, soit par la mort prouvée de l'absent, soit à compter du jour de sa disparition, les héritiers présomptifs de celui-ci devraient pouvoir réclamer, à l'époux administrateur légal, les fruits qu'ont produits la partie de communauté à laquelle ils avaient droit, et les biens propres de l'absent. Mais la loi, soit qu'elle ait voulu récompenser de ses soins l'époux présent soit qu'elle ait jugé trop dure une pareille restitution, a décidé dans l'article 127 que celui-ci, comme les envoyés en possession provisoire, serait dispensé de rendre à l'absent qui reparaîtrait une portion de ces revenus, les 4/5 en cas de retour, avant 15 ans révolus du jour de sa disparition, les 9/10, s'il ne reparaissait qu'après les 15 ans, et la totalité après 30 ans d'absence.

L'assimilation ici établie par la loi est critiquée par tous les auteurs, et si quelques-uns, comme Laurent, ont voulu l'expliquer, nous ne pensons pas qu'on ait jamais essayé de la justifier complètement. Ce que l'on critique c'est moins le principe même d'une retenue des fruits accordée à l'époux administrateur légal, que la progression croissante que suit cette retenue à mesure que le temps s'écoule depuis la disparition. S'il est juste, en effet, que l'envoyé en possession provisoire voie sa part des fruits augmenter, à mesure que le temps rend plus probable son droit de propriété, en rendant plus certaine la mort de l'absent, il en est tout autrement du conjoint administrateur légal. Celui-ci a pu croire tout d'abord l'absent encore vivant, il a continué la communauté, mettant ainsi obstacle à l'exercice de tous les droits subordonnés au décès de son conjoint, mais peu à peu, à mesure que l'absence devenait plus longue, il a forcément été amené à modifier son opinion et à ne plus espérer le retour du disparu ; de telle manière qu'avec les années, sa possession s'est trouvée être en quelque sorte de mauvaise foi ; il a détenu une chose, dont une partie ne lui appartenait sûrement pas, qu'il savait ne posséder que temporairement et pour le compte d'autrui. Comment donc se fait-il qu'à mesure que son droit devient plus incertain, la loi lui permette de retenir une part plus grande des fruits.

L'explication que l'on peut donner (1) est que la loi, songeant avant tout à sauvegarder les intérêts de l'absent, donne à ses héritiers présomptifs, et à l'époux présent, pour les engager à se charger de cette administration, une partie des fruits, sans distinguer entre eux. Et, ajoute-t-on, au point de vue où se place la loi, il n'y a pas lieu de distinguer, puisque le motif, pour lequel elle leur accorde cet avantage, est le même. Nous croyons bien que cette explication justifie en effet le principe de l'indemnité, mais nullement la progression suivie : L'administration ne sera pas plus difficile au bout de 15 ans qu'au bout de 5, pour-

______

(1) Laurent, *op. cit.*, t. II, n° 212.

quoi le salaire augmente-t-il ? Si ce n'est qu'un salaire, la progression ne se comprend pas.

Mais, du reste, que la loi soit logique ou non, il convient d'appliquer ses dispositions qui sont formelles.

Supposons que l'absent ne revienne pas, qu'on n'ait pas de ses nouvelles et que par conséquent la dissolution de la communauté continuée s'opère, par suite, soit de l'envoi définitif, soit de la renonciation du conjoint présent, soit de sa mort ; dans toutes ces hypothèses, on va se trouver en face des héritiers présomptifs de l'absent, ou des autres personnes, ayant sur ses biens des droits subordonnés à son décès. Nous avons admis plus haut que, dans tous ces cas, la communauté était dissoute *ex tunc*, c'est-à-dire rétroactivement depuis le jour de la disparition ou des dernières nouvelles. Une première question se pose :

L'article 127 ne parle de la retenue des fruits par l'époux administrateur légal que contre l'absent de retour, cette retenue peut-elle être exercée contre ses héritiers présomptifs ou les autres ayants droit ?

Le texte de l'article 127 semble bien s'y opposer ; il ne parle que de l'absent qui reparaît, d'où on pourrait conclure, semble-t-il, que dans tous les autres cas la retenue n'est pas permise. On a cité encore à l'appui de cette opinion l'article 130 qui autorise la retenue de partie des fruits, par ceux qui auront joui des biens de l'absent, à l'égard des héritiers plus proches ; en effet, dit-on, les fruits dont cet article permet la retenue contre ces héritiers, ce sont uniquement ceux acquis contre l'absent, jusqu'au jour de son décès prouvé conformément à l'article 127 du Code civil.

Au reste cela est très naturel. Qu'on permette la retenue des fruits contre l'absent, c'est bien, car il a en général quelque chose à se reprocher, mais contre les héritiers présomptifs, c'est injuste : Ils n'auraient pas demandé mieux que d'obtenir cet envoi en possession, et c'est le fait seul du conjoint présent qui les en a écartés. Pourquoi les punirait-on d'une chose qu'il n'était pas en leur pouvoir d'empêcher.

Cette théorie n'a cependant pas prévalu, et d'une façon très générale, on pourrait presque dire unanime, on admet que la retenue s'opère aussi bien, contre les ayants droit de l'absent, que contre l'absent lui-même. Le premier système aurait le grand désavantage de rendre très dure la position de l'époux présent, puisque ce sont les fruits perçus pendant 30 ans parfois, qu'il faudrait restituer ; sa situation est déjà assez malheureuse, par suite du veuvage forcé qu'on lui impose, sans en accentuer encore la rigueur. De plus, ce serait annihiler complètement l'article 127 relativement à l'époux présent, et anéantir ainsi le bénéfice que lui accorde l'article 124 ; il arrivera rarement qu'après l'absence déclarée, l'absent revienne ou qu'on ait de ses nouvelles, ce sera donc, le plus ordinairement, aux ayants droit de l'absent, que la restitution sera faite. Et en second lieu, même si la restitution est faite à l'absent de retour, nous verrons ci-après, que le système qui prévaut, fait tomber en communauté tous les fruits perçus par l'époux présent, et ne laisse de valeur effective à l'article 127, que sur les fruits des biens, que l'époux absent avait exclus de la communauté même quant à la jouissance.

Si nous reprenons l'hypothèse où la communauté est réputée dissoute du jour de la disparition de l'absent, ou des dernières nouvelles qu'on a eues de lui, nous déciderons que l'époux présent, administrateur légal, aura droit aux fruits des biens composant la part de communauté de l'absent, et les biens propres de celui-ci, dans les proportions indiquées par l'article 127. Mais, bien entendu, l'époux présent n'aura droit à ces fruits, qu'en sa qualité d'administrateur légal, c'est-à-dire à partir du jour, où il a fait son option, et pris cette administration, car jusqu'alors, c'est-à-dire, en réalité, pendant toute la présomption d'absence, il n'a aucun titre permettant de lui attribuer ces fruits.

Mais il peut se faire qu'au lieu d'être censée dissoute à partir de la disparition de l'absent, ou de ses dernières nouvelles, il soit prouvé que la communauté a duré un certain temps, pendant l'administration du conjoint, soit que l'on apprenne la mort de l'absent à une date postérieure, soit que son retour, ou les nouvelles qu'on a de lui viennent démontrer qu'il est encore vivant, et qu'en conséquence la communauté d'entre son conjoint et lui, a, en fait, toujours subsisté, et subsiste même encore. Quel va être le sort des fruits perçus pendant l'administration légale?

Que la loi accorde au conjoint présent le droit d'en opérer la retenue, ce n'est pas douteux, c'est le texte même de l'article 127 qui le dit, mais que vont devenir ces fruits? Il ne faut pas oublier que nous sommes sous un régime de communauté, c'est-à-dire qu'aux termes de l'article 1401 ces fruits doivent devenir communs. Comment concilier ces deux articles, dont l'un semble rendre inutile la disposition de l'autre. Plusieurs systèmes ont été proposés, sans que l'on puisse dire qu'aucun soit bien satisfaisant.

Dans un premier système enseigné par Duranton (1) et professé aussi par Plasman (2), mais qui n'est plus guère en honneur aujourd'hui, on admet que l'article 127 déroge

(1) Duranton, t. I, n° 464.
(2) Plasman, *Code des absents*, t. I, ch. ix, § 6.

à l'article 1401, et que l'on doit considérer la portion de fruits, dont la retenue est autorisée par cet article, comme une donation de choses mobilières, faite par la loi à l'époux présent, avec stipulation que cette donation sera exclue de la communauté. C'est le système qui se présente le premier à l'esprit et qui semble s'accorder parfaitement avec le texte de l'article 127 qui prévoit formellement le cas de retour de l'absent pour accorder contre lui la retenue à l'époux administrateur légal.

Mais ce système est loin d'être sans inconvénients ; et l'un des auteurs qui se croient obligés de l'admettre, n'hésite pas à déclarer la disposition injuste et immorale. Après avoir constaté que le mariage et la communauté subsistaient, et que la loi punissait ici, l'absent, comme d'un délit, d'une absence le plus souvent involontaire, Plasman s'écrie : « Et qui profite de ces fruits ? L'épouse ! L'épouse va ainsi s'enrichir seule au mépris d'une union, d'une société déclarée indissoluble » ?

« L'époux revient et au lieu de trouver des moyens d'existence dans une communauté bien administrée, il faut qu'il tende la main à son épouse, ou l'épouse à son mari, si c'est elle qui s'est absentée. Indépendamment de tout ce qu'il y a de contraire aux principes du mariage et à l'équité dans une pareille disposition, quel sujet de trouble et de zizanie ! C'est une pomme de discorde jetée entre deux époux au milieu des joies du retour ».

Nous croyons que les imprécations de Plasman contiennent, sous une forme un peu exagérée peut-être, une part de vérité ; il ne serait pas juste, en effet, que l'époux présent profitât seul des fruits produits par les biens de l'absent, et par la part de celui-ci dans la communauté, alors que les gains faits par l'absent, qui a peut-être continué à s'enrichir pendant ce temps, tomberaient dans cette communauté. Il se produirait en outre ce résultat bizarre que les fruits, perçus, depuis l'administration légale, sur les biens personnels du conjoint présent, et sur sa part des biens de communauté, tomberaient, sans aucun doute, dans cette communauté, de telle sorte que celui-ci aurait droit de garder seul les fruits de biens ne lui appartenant pas, alors qu'il devrait partager les fruits de ses biens propres, résultat peu logique assurément.

Nous ne pensons pas qu'on puisse, sans forcer les termes de l'article 127, voir dans la disposition qu'il renferme une donation faite par la loi, avec clause qu'elle restera propre à l'époux présent, c'est un avantage légal que la loi attache à une administration, rien de plus.

Il y a aussi un argument de texte : L'article 127, peut-on dire, parle de restitution à faire par un des époux à l'autre ; or, dans le cas qui nous occupe, c'est la communauté qui perçoit les fruits directement, et qui les garde, sans que l'un des époux ait rien à restituer à l'autre ; et, par suite, l'article 127 qui vise l'hypothèse où il y a des restitutions à opérer est inapplicable ici.

Une seconde théorie veut faire une distinction suivant que l'époux présent aurait capitalisé les revenus ou les aurait dissipés ; dans le premier cas ce serait l'article 1401 qu'il faudrait appliquer, « car, les principes s'opposent à ce que l'époux présent conserve en propre la part des revenus qu'il est dispensé de restituer » (1), mais dans le second il faudrait appliquer l'article 127. L'absent ne pourrait pas réclamer contre cette privation, pas plus qu'il ne le pourrait contre la

---

(1) DEMANTE et COLMET DE SANTERRE, *Cours analytique de Code civil*, t. I, n° 163bis II.

retenue qu'exercerait en pareil cas un envoyé en possession provisoire.

Demante va même plus loin, au cas où c'est la femme absente qui revient, il enseigne alors que n'ayant droit de demander à son mari aucun compte de son administration, elle ne peut faire aucune réclamation même pour la part que la loi réserve à l'absent ; dans ce cas l'article 127 est sans application.

Quant à l'hypothèse où le mari absent est de retour, le seul effet de la loi est de dispenser la femme du compte des fruits.

Ce système ne va pas sans des inconvénients graves, il a surtout celui d'être, pour la femme, un encouragement à la dissipation. Il est bien inutile qu'elle fasse des économies, puisqu'elle n'en profitera pas, et que si son mari revient, elle sera obligée de lui remettre, avec l'administration de la communauté, ce qu'elle aura pu gagner de cette manière.

Ce système ne rend pas compte en outre de l'objection qu'on a déjà adressée au premier, savoir : que l'article 127 règle le cas où il y a une restitution à faire par un des époux à l'autre, qu'ici la communauté perçoit directement les fruits et les garde, sans qu'il y ait lieu à aucune restitution, et qu'en conséquence, ce ne peut être cette hypothèse que règle l'article 127.

Nous arrivons enfin au troisième système, le plus généralement admis, bien qu'il aboutisse en réalité à la suppression de l'article 127 dans le cas de retour de l'absent, c'est-à-dire, dans le seul cas qui y soit formellement prévu.

Cette théorie soutient que l'article 127 ne s'applique pas, lorsque l'absent est de retour, aux fruits qui doivent tomber dans la communauté ; pour ces fruits, il y a lieu de suivre purement et simplement l'article 1401 ; l'article 127 viserait seulement les fruits des biens de l'absent, exclus de la communauté même pour la jouissance. On le voit, cela revient à dire que si l'absent reparaît, l'article 127 n'aura pas d'effet. Non seulement la communauté légale, mais même les communautés conventionnelles ne connaissent pas de pareilles exclusions, et le seul régime où il puisse s'en trouver, normalement, c'est le régime dotal, que le conjoint présent pourra continuer d'administrer, seulement si une société d'acquêts y est adjointe.

Si donc l'époux absent revient, les fruits perçus depuis l'administration légale tomberont en communauté, comme si l'article 127 n'existait pas ; mais il peut se faire que l'époux absent ne revienne pas, qu'on apprenne sa mort.

La communauté étant dissoute au jour du décès, on appliquera, jusqu'à ce jour, les mêmes règles qu'en cas de retour, c'est-à-dire que les fruits perçus, jusque-là, seront acquis à la communauté. Mais ce décès n'a peut-être pas été connu tout de suite, et il s'est écoulé un certain temps entre ce jour et celui où prend fin, d'une manière effective, l'administration légale. Pendant cet intervalle, il ne peut plus être question de communauté, puisque l'un des époux est mort ; aussi le conjoint présent aura-t-il le droit d'effectuer, contre les héritiers de l'absent, la retenue des fruits, produits depuis le jour du décès prouvé dans les termes de l'article 127.

Nous ne pouvons pas terminer cet exposé de l'article 127, sans remarquer que les systèmes proposés conduisent tous à des solutions peu satisfaisantes ; nous voyons qu'on autorise l'époux présent à opérer la retenue de partie ou de la totalité des fruits, à l'égard, non seulement des héritiers présomptifs de l'absent ou de ses légataires, mais même, ce qui est tout à fait injuste, à l'encontre de tous ceux qui ont

des droits conventionnels subordonnés à son décès, comme
le donateur d'un bien grevé du droit de retour, le nu-propriétaire d'une chose dont l'absent avait l'usufruit. Prenons
par exemple ce dernier cas : l'absent était usufruitier d'un
immeuble ; il disparaît ; l'époux présent après les délais
nécessaires, opte pour la continuation de la communauté,
c'est-à-dire que, première injustice, il empêche le nu-
propriétaire d'exercer la reprise de son immeuble, sur lequel
l'usufruit est probablement éteint, et, seconde injustice
plus grande encore, après avoir ainsi privé le nu-propriétaire
de la jouissance de son bien pendant 41 ans peut-être il va
le lui rendre sans les fruits qu'il a produits durant ce temps,
bien que la loi répute la succession de l'absent ouverte du
jour de sa disparition, et que l'usufruit dût logiquement
cesser à cette époque.

Ce n'est pas que la solution soit bien satisfaisante même
envers les héritiers présomptifs de l'absent, que l'on frustre
pendant de longues années de la jouissance des biens qui
doivent leur revenir ; on établit contre eux, par voie détournée, un droit d'usufruit général de tous les biens de l'absent au profit du conjoint présent, ce qui peut être équitable contre les héritiers éloignés, auxquels l'époux est
préférable, mais ce qui est tout à fait injuste au cas où les
héritiers sont des parents proches, ou bien encore si l'absent a, par testament, manifesté l'intention que l'époux
survivant n'ait aucun droit sur sa succession.

La loi est critiquable encore, dans son application vis-à-
vis de l'absent de retour, du moins si l'on admet la théorie
générale. L'absent est en effet le seul qui puisse être en
faute ; en pratique il le sera le plus souvent, et contre lui
on réduit à néant les rigueurs de l'art. 127.

Tout cela ne semble pas d'une logique irréprochable, et

nous souhaiterions, quant à nous, que l'on corrigeât l'art. 127 pour l'appliquer contre l'absent seul, si nous ne pensions pas, comme nous le dirons tout à l'heure, que l'administration légale du conjoint présent est une institution qu'il conviendrait d'effacer de notre Code, pour en revenir à une séparation absolue des biens, avec envoi en possession des héritiers, et en rendant à la femme présente sa pleine capacité civile, comme au cas de séparation de corps, ce qui supprimerait la formalité coûteuse mais illusoire de l'autorisation de justice

SECTION VI

Dissolution provisoire de la Communauté

Nous avons vu que l'art. 124 donne la faculté à l'époux commun en biens de continuer la communauté après l'absence déclarée ; mais ceci a lieu seulement sous les régimes qui admettent d'une manière plus ou moins large une communauté entre époux, et, même sous ces régimes, la continuation de la communauté n'est qu'une faculté, un bénéfice offert à l'époux présent, toujours libre de le refuser.

Si l'époux présent préfère que la dissolution de la communauté ait lieu, le droit commun, c'est-à-dire, l'envoi en possession provisoire, va reprendre son empire, et tous ceux qui avaient des droits subordonnés au décès de l'absent, héritiers présomptifs ou autres, pourront les exercer selon les règles ordinaires. Quelle sera alors la situation de l'époux présent ? L'art. 124, deuxième alinéa, nous le dit :

« Si l'époux demande la dissolution provisoire de la communauté, il exercera ses reprises et tous ses droits légaux et conventionnels, à la charge de donner caution pour les choses susceptibles de restitution. »

Dans ce cas on opère un partage entre l'époux présent et les héritiers du conjoint absent, dans les mêmes termes exactement qu'en cas de décès ; les droits de chacun sont déterminés par les règles ordinaires des partages, l'absent étant réputé mort du jour de sa disparition ou de ses dernières nouvelles ; il y aura lieu alors de liquider les indemnités et récompenses dues par chaque patrimoine à la communauté ou par la communauté au patrimoine de chaque époux, de régler les gains de survie, préciput et autres avantages matrimoniaux, les droits d'usufruit résultant de l'art. 767 du Code civil. Les dons sous condition de survie, les legs sortiront leur plein et entier effet. La femme, si c'est elle qui est présente, pourra, selon qu'elle le jugera à propos, accepter ou non la communauté ; si elle y renonce, elle reprendra les apports dont elle aurait stipulé la reprise en cas de renonciation. Tout, nous le répétons, se passera provisoirement, comme cela se passerait définitivement en cas de décès de l'époux absent. Nous ne disons pas que le partage se fera facilement, et que celui qu'on en chargera ne sera pas obligé, la plupart du temps, de recourir à des estimations plus ou moins approximatives, mais peu importe ; dans la pratique, le notaire qui fera le partage opérera en prenant le mobilier et les valeurs qu'il trouvera pour la représentation exacte de ce qui existait cinq ans auparavant ; il déclarera que les fruits ont été employés pour subvenir aux charges du ménage, et dispensera le conjoint présent d'en faire la représentation. Si les parties ne sont pas satisfaites de cette manière de procéder et se croient lésées, elles soumettront le partage au Tribunal qui ordonnera d'y faire telles rectifications que de droit.

Cette faculté donnée à la femme présente de prendre provisoirement tout ce qui lui reviendrait en cas de décès du mari absent, est une innovation du Code civil, ainsi que nous l'apprend Bigot Préameneu dans son exposé des motifs. Il était en effet admis dans l'ancien droit, que la part de communauté revenant à la femme, restait aux mains des héritiers du mari, responsables envers lui, en cas qu'il revînt, de tous les biens qu'il possédait à son départ.

L'époux présent, qui opte pour la dissolution de la communauté, est tenu de donner caution, mais seulement pour les choses susceptibles de restitution. Quelles seront ces choses ? Il faut distinguer suivant que le mari ou bien la femme sera présent.

La femme présente devra, en cas de retour de son mari, lui restituer tous les biens qu'elle aura pris, soit pour la toute propriété, soit pour la jouissance. En effet, dans le cas ordinaire de communauté réduite aux acquêts, le mari a, durant le mariage, l'administration et la jouissance de tous les biens de la femme. Donc, pour tout ce qu'elle aura pris, soit comme biens de communauté, soit même comme biens propres du mari absent, par exemple, relativement aux biens à elle donnés par celui-ci au cas de survie, elle doit caution sur la pleine propriété. Au contraire, sur ses biens personnels dont elle a repris la jouissance, la femme ne devra caution que pour sûreté de cette jouissance, et sans qu'il y ait lieu de s'inquiéter de la nue-propriété. Enfin, pour les biens dont la femme se serait par contrat de mariage réservé même la jouissance, comme elle n'aura rien à restituer de ce chef, elle ne devra pas caution.

Supposons maintenant que ce soit le mari qui soit présent : l'opinion dominante admet qu'il ne doit caution que pour les legs à lui faits par sa femme, les donations sous condition de survie, que le prédécès du donataire rendrait caduques. Il devrait aussi caution, dans cette théorie, pour sûreté des biens dont la femme se serait réservé la jouissance par contrat de mariage.

Marcadé soutient une théorie tout à fait opposée. Il ne parle pas de cette dernière catégorie de biens (ceux dont la femme s'est réservé la propriété et la jouissance), mais cela tient au système qu'il adopte sur l'art. 124 et que nous avons examiné plus haut pour le repousser du reste.

Pour tous les autres biens, cet auteur enseigne que le mari doit caution aussi bien que la femme, car, il peut être obligé de les restituer tous ou tout au moins d'en restituer le revenu. « En effet, dit Marcadé (1), même pour ses biens propres, l'époux présent, que ce soit le mari ou la femme, devra caution, non pour les biens eux-mêmes, mais pour leurs revenus ; pas de doute quant à la femme, ajoute-t-il, qui ne peut pas aliéner ses propres à sa fantaisie, et priver ainsi de leurs revenus la communauté qui a continué ; et il en est ainsi, même pour le mari, car il est à craindre qu'il ne dissipe, après la dissolution réelle arrivée, et dès lors à un moment où il n'en avait plus le droit, des choses dont la restitution peut lui être demandée par les héritiers de la femme. »

Le mari devra, à plus forte raison, caution pour sa part dans la communauté, car la restitution en est encore possible au cas où la femme absente viendrait à mourir, si dans l'intervalle entre la dissolution provisoire et la dis-

<hr>

(1) Marcadé, *op. cit.*, sur l'art. 124, n° 401, page 317.

Collet

7

solution réelle, la part de ses héritiers présomptifs venait à être diminuée par cas fortuit. Quant aux gains de survie, il n'y a aucun doute, si ce sont des biens de l'absent, mais même si ce sont des biens de communauté, la restitution par le mari présent est encore possible, car il se pourrait que les biens pris par lui à ce titre dussent être rendus par ses héritiers, s'il venait à être prouvé que la femme absente vit encore après le décès du mari et que dès lors ce n'est pas lui qui a eu droit à ces gains de survie.

Telle est la thèse de Marcadé, fort équitable, et que nous croyons juste, quelle que soit sa dureté à l'égard du mari. Elle a le grand inconvénient d'exiger de celui-ci des garanties difficiles à fournir bien souvent. Mais ce reproche ne nous touche pas et c'est au législateur qu'il convient de le renvoyer. Au reste, ne demande-t-on pas à la femme, qui se trouve en cette situation, des garanties semblables? Croit-on qu'il lui soit plus facile à elle de les fournir qu'au mari? Le texte de l'art. 124 est formel, il exige caution pour les choses susceptibles de restitution : nous avons vu qu'il y avait restitution possible, il doit donc être donné caution.

La caution est la seule garantie exigée formellement par la loi en cette hypothèse ; elle ne parle pas de l'inventaire, et la doctrine est divisée à ce sujet, quelques auteurs pensant qu'on ne peut imposer une charge que n'exige pas la loi, et les autres voulant qu'inventaire soit fait, par application des principes généraux selon lesquels tout administrateur du bien d'autrui doit faire inventaire. Nous avouons que la controverse nous paraît dénuée d'intérêt pratique, pour deux raisons :

D'abord les héritiers présomptifs seront obligés, lors de leur envoi en possession, de faire inventaire des biens de

l'absent et de ceux de la communauté (art. 126), et normalement cet inventaire sera fait en présence de l'époux, qui
certainement insistera pour y être admis, bien que la loi
n'exige que la présence du Ministère public.

En second lieu, un partage doit être fait entre les héritiers présomptifs de l'absent et l'époux présent ; or, ce partage déterminera, à défaut d'inventaire, la consistance de
la part que chacun prendra. L'inventaire pourra être utile
pour faire le partage, mais il est certain qu'avec l'acte de
partage seul, on pourra reconstituer la masse partagée,
aussi facilement qu'à l'aide d'un inventaire.

Il ne semble donc pas que, dans ces conditions, on puisse
accuser la loi d'imprévoyance, parce qu'elle n'a pas écrit
dans les obligations de l'époux, qui opte pour la dissolution
de la communauté, une formalité utile parfois, mais jamais
indispensable.

CHAPITRE IV

La disparition d'une personne mariée crée une situation juridique spéciale, dont les effets ne se restreignent pas à son seul conjoint, mais se font encore sentir sur la condition des enfants qu'il laisse ainsi à l'abandon. La situation de ces enfants peut être assez compliquée et faire naître à divers points de vue des difficultés.

Et tout d'abord au point de vue du mariage ; supposons qu'il s'agisse d'un fils mineur de 25 ans ou d'une fille qui n'a pas encore 21 ans. On s'accordait à peu près sous l'empire du Code civil, poussé que l'on était par la nécessité, à permettre le mariage de l'enfant même mineur avec le consentement du seul conjoint présent, par analogie avec l'article 149. En effet, disait-on, la loi exige que l'enfant ait le consentement de ses père et mère, mais à l'impossible nul n'est tenu ; celui qui est absent est dans l'impossibilité de manifester sa volonté, donc on rentre dans les termes de notre article 149. Ceci n'était pas très concluant, et il est peu probable que le législateur ait eu en vue cette hypothèse en rédigeant l'article 149. De plus, il y avait un argument contraire à cette opinion que l'on pouvait tirer *a contrario* de l'article 155, tel qu'il était rédigé dans le Code civil avant la loi de 1896. Cet article prévoyait le cas d'absence d'un ascendant et permettait de passer outre au mariage, dans le cas où l'on avait à demander conseil à l'absent, non dans le cas où son consentement était nécessaire.

L'addition faite par la loi du 20 juin 1896 à l'article 155 a réglé la question de manière plus nette. Il permet expressément le mariage de l'enfant majeur, après l'accomplissement de certaines formalités (la majorité doit s'entendre ici, bien entendu, dans le sens donné à ce mot par l'article 148) ; mais pour le fils âgé de moins de 25 ans, et pour la fille mineure de 21 ans nous pensons qu'ils ne peuvent se marier. En effet, le dernier alinéa de l'article 155 prévoit à la fois le cas où l'enfant a un conseil à demander, et le cas où il doit rapporter le consentement de l'ascendant ; or, ce n'est que dans le premier cas que cet article permet la célébration du mariage ; il défend donc d'y procéder dans le second. Tout au plus pourrait-on admettre, dans l'hypothèse où le père est présent et la mère absente, un adoucissement à la rigueur de la loi. Puisque, en cas de dissentiment, le consentement du père suffit, il est tout naturel que le silence de la mère soit considéré comme un refus de sa part, il serait exagéré, croyons-nous, de lui donner une valeur prohibitive plus grande.

La question devient plus délicate lorsqu'il s'agit de savoir si la mère a le droit de doter un enfant commun avec des biens propres au mari absent. Qu'elle ait le droit de constituer une dot avec des biens de communauté, pas de doute à cela, nous avons un texte qui le dit expressément, l'article 1427 ; et on ne voit pas très bien pour quelle raison on restreindrait cette disposition au cas d'absence déclarée. Comme le dit fort justement Demolombe, il y a même nécessité de doter pendant la présomption d'absence, et le législateur ne nous a pas habitués à une précision de termes si grande, en notre matière, qu'on ne puisse croire qu'il n'ait ici encore pris dans son sens large le mot absence.

Faut-il donc permettre à la femme, dans le cas qui nous occupe, de prendre la dot sur les biens personnels de l'absent. Demolombe (1) enseigne que oui, et les raisons qu'il donne à l'appui de son opinion ont une grande force, mais elles sont plutôt, il faut bien le reconnaître, d'ordre moral que d'ordre juridique. Oui, certes, constituer une dot est le complément du droit de consentir au mariage, et, dans certains cas, la dot est le complément essentiel de l'établissement par mariage ; il est impossible, dit-on, d'attendre la majorité de l'enfant pour le marier, il faut saisir l'occasion quand elle se présente, mais n'est-il pas de toute évidence que l'occasion se présentera rarement dans la vie moderne, si l'on ne peut constituer à l'enfant une position en rapport avec la situation sociale qu'il est appelé à occuper.

Sans dot, ce sera la plupart du temps le célibat forcé, et alors à quoi servira-t-il d'avoir donné à la mère le pouvoir de consentir au mariage de ses enfants, si, d'autre part, on lui enlève le pouvoir de leur constituer une dot.

On remarquera tout d'abord qu'avec le système admis plus haut, empêchant l'enfant de contracter mariage avant sa majorité, l'intérêt de la question diminue et que la portée des raisons indiquées par Demolombe se restreint. Ce n'est pas que nous ne reconnaissions les résultats néfastes que peut avoir cette théorie, mais la faute en incombe au législateur.

D'ailleurs ce droit nous semble jurer avec le reste de la théorie de l'absence. On a vu que le Code entourait de minutieuses précautions les affaires du présumé absent, il

(1) Demolombe, *Cours de code Napoléon*, tome II, n° 315.

prend des mesures, très exagérées selon nous, pour empêcher les étrangers et même la famille d'en pénétrer le
secret, et ici ce qu'on va permettre, sans aucun délai,
c'est un acte de disposition desdits biens, acte qui nécessitera
une connaissance très exacte de la fortune de l'absent, sans
laquelle on risquerait de constituer une dot hors de propor-
tion avec les ressources de celui-ci. Tout cela est grave,
surtout en théorie, car en pratique l'absent c'est presque
toujours un mort.

Nous allons nous occuper des effets de l'absence, plus
spécialement sur les enfants mineurs de l'absent ; sur
l'administration de leurs personnes et de leurs biens. Le
code a réuni divers cas qui peuvent se produire à leur égard,
dans les articles 141, 142 et 143.

Nous devons tout d'abord remarquer que la loi, pas
plus dans l'article 141 que dans le reste du chapitre iv, ne
vise le cas où c'est la mère qui a disparu, laissant le père
seul présent. C'est qu'alors, tout le monde en demeure
d'accord, rien ne sera changé ; les droits du père resteront
les mêmes sans aucune modification ; pendant le mariage,
c'est lui qui exerce tous les droits. Il peut cependant se
présenter tel cas où il en soit autrement : le père, par
exemple, est privé de la puissance paternelle par suite d'une
peine prononcée contre lui, et conformément à la loi du
24 juillet 1889. Il est évident que si nous supposons l'enfant
placé sous la puissance de sa mère, la disparition de celle-
ci entraînera des conséquences importantes, mais elle
n'aura pas pour effet de rendre au père la puissance paternelle dont on l'a déclaré déchu.

Est-il possible, dans cette hypothèse, d'agir comme on
le ferait en cas de disparition d'une femme veuve laissant
des enfants mineurs ? Nous ne le pensons pas.

En face d'un père déchu de la puissance paternelle, le Tribunal qui, une première fois déjà, avait statué sur le sort de l'enfant, aura, croyons-nous, à se prononcer de nouveau, et pourra décider à qui doit être confié l'enfant, et qui doit être chargé de l'administration de sa personne et de ses biens.

Mais en dehors de cette hypothèse assez rare, l'absence de la femme ne produit aucun effet relativement aux pouvoirs du mari sur ses enfants mineurs.

SECTION I

Disparition du père, la mère étant vivante et présente

Passons maintenant aux cas dont s'occupe le Code et voyons le premier dont il parle, celui où le père disparaît, la mère étant vivante et présente. L'article 141 décide que cette dernière aura alors la surveillance des enfants communs et exercera tous les droits du mari relativement à leur éducation et à l'administration de leurs biens.

On est à peu près d'accord, aujourd'hui, pour admettre que les pouvoirs conférés à la mère par cet article, ne sont pas une tutelle, ce qui, par conséquent, la dispense de faire nommer un subrogé-tuteur, et ne grève pas ses biens de l'hypothèque légale. Cependant plusieurs auteurs ont soutenu le contraire, notamment Proudhon et de Moly.

« En effet, dit Proudhon (1), les droits du mari quant à

____

(1) Proudhon, *op. cit.*, chap. xx, section 4, § 2.

l'éducation et à l'administration des biens de ses enfants, constituent la tutelle qu'il exerce sur eux, donc la mère qui en est chargée est véritablement tutrice provisoire.

« En second lieu, si la mère est morte, le conseil de famille nomme un tuteur provisoire, elle est donc tutrice provisoire quand elle existe, puisque les fonctions qu'elle remplit sont une tutelle provisoire, lorsque, à son défaut, le conseil de famille les défère à un étranger. »

Bien que cette opinion de Proudhon ait été consacrée par arrêts de la Cour de cassation (C. Cass., 3 décembre 1821, S. 1822, 1, 80. — 4 juillet 1842, Dev. 1842, 1-601), nous croyons que c'est avec raison qu'elle est complètement rejetée à l'heure présente.

Le raisonnement de Proudhon ne paraît pas en effet bien convaincant. Tout d'abord, c'est forcer le sens des mots que de dire, comme il le fait, que les droits du père, la puissance paternelle, sont une tutelle qu'il a sur ses enfants. Il y a entre ces deux pouvoirs d'importantes différences. La mère qui, durant le mariage, possède cette puissance paternelle, en prend l'exercice, lorsque le mari, par sa disparition, se met dans la situation de ne plus pouvoir l'exercer.

Il ne faut pas oublier que la tutelle s'ouvre par la mort de l'un des époux, et seulement à cette époque ; et ceci répond au second argument de Proudhon. Si la mère est morte lors de la disparition du père, celui-ci était tuteur de ses enfants mineurs, par suite de ce décès ; il est donc tout naturel que, venant à déserter sa tutelle, il soit remplacé provisoirement dans ses fonctions par un tuteur. Et on peut remarquer que la loi a bien soin de spécifier qu'en ce cas le tuteur qui remplacera le père ne sera qu'un tuteur provisoire, c'est-à-dire que le véritable tuteur sera toujours le père, la tutelle sera seulement exercée par un autre pendant l'absence. Si donc, comme on le voit, la présomption d'absence n'empêche pas le père de rester tuteur, pourquoi veut-on que cela le prive de la puissance paternelle? Elle sera exercée par la mère pendant l'absence, mais sans que le pouvoir en soit modifié dans son essence. Le mariage reste évidemment pleinement valable, pourquoi la tutelle s'ouvrirait-elle, contrairement à toutes les règles du Code civil.

Nous le répétons, cette solution est admise à l'heure actuelle par la presque unanimité de la doctrine.

Si donc la mère n'est pas tutrice, nous devons tirer de là des conséquences importantes, spécialement au point de vue du subrogé tuteur et de l'hypothèque légale. Il n'y aura pas lieu de réunir le Conseil de famille, ni de faire nommer un subrogé tuteur. La gestion que la mère aura du patrimoine de ses enfants mineurs, sera libre, sauf l'autorisation de justice qui pourra être exigée dans certains cas comme nous le verrons plus loin.

Les biens de la femme resteront indemnes de toute hypothèque légale du chef de ses enfants mineurs, ce qui peut avoir une importance considérable pour la vente qu'elle consentirait de ses immeubles avec l'autorisation de justice. Cela rendra inutiles les frais de purge, toujours très onéreux surtout quand il s'agit de ventes de peu d'importance.

Mais si la mère n'est pas tutrice, quels seront donc exactement les pouvoirs qu'elle aura, et dans quelle mesure pourra-t-elle les exercer?

§ I. — *Pouvoirs sur la personne des enfants.*

On est d'accord pour admettre que la mère aura sur ses enfants mineurs le droit de correction, mais avec la limitation qu'y apporte l'article 381, lorsqu'il est exercé par une femme veuve. Il serait inconséquent, dit-on, de donner à la femme dont le mari est présumé absent, plus de droits qu'on n'en donne à une femme veuve. Et cependant il faut bien reconnaître que, toute logique qu'elle soit, cette solution est contraire au texte. Que nous dit en effet l'article 141 ? Que la mère exercera tous les droits du père, quant à l'éducation des enfants, et cela sans y apporter de restriction ; d'autre part, l'article 381 a rapport à la femme veuve, non pas à la femme dont le mari est en présomption d'absence, ce qui est bien différent. Et il n'y a nulle impossibilité à ce que la femme, investie d'un mandat légal par l'article 141, ait dans l'exercice de ce mandat des pouvoirs plus étendus qu'elle n'en aurait dans le cas où elle exercerait ces pouvoirs de son propre chef.

Du reste la raison qui a fait limiter le droit de correction de la mère veuve, savoir, qu'il y a lieu de craindre qu'elle ne subisse des influences étrangères, n'existe pas, au même degré tout au moins, dans le cas de l'article 141. La femme veuve peut se remarier, et, comme telle, elle est susceptible, même avant son second mariage, de se trouver sous l'influence, plus ou moins directe, plus ou moins forte, de son futur époux, influence que le législateur a redoutée à juste titre, comme étant en général hostile aux enfants d'un premier lit. La situation de la femme, dont le mari est présumé absent, est tout autre. Ici plus de second mariage possible, donc plus d'influence néfaste à redouter, à moins de supposer un dérèglement des mœurs ce que ne peut présumer la loi.

Ainsi donc les textes étant muets à tout le moins, et la raison qu'a eue le législateur de se méfier de la femme veuve n'existant pas, nous ne croyons pas qu'il faille, dans notre hypothèse, appliquer la restriction posée dans l'article 381, mais il y a lieu, au contraire, pensons-nous, de permettre à la femme pendant la présomption d'absence de son mari, d'exercer, dans toute sa plénitude, le droit de correction qu'avait celui-ci.

II. — *Pouvoirs sur les biens des enfants mineurs.*

La mère, avons-nous dit, n'est pas tutrice, au moins jusqu'à la déclaration d'absence, mais elle va exercer les droits du mari sur les biens des enfants mineurs ; quelle va être sa situation ? Va-t-on exiger qu'elle se fasse autoriser de justice pour tous les actes d'administration, ou bien exigera-t-on cette autorisation dans le cas seulement où le mari lui-même en aurait besoin ? par exemple, pour l'aliénation d'un immeuble propre au mineur ?

Proudhon a émis l'avis (1) que la mère a besoin même pour les actes d'administration, d'être autorisée de justice, et cela en se fondant sur l'obligation qu'elle a de rendre compte. Mais il bien évident qu'il serait impossible, pour toute négociation, de demander l'assentiment du tribunal, de pareilles formalités entraîneraient la ruine rapide du mineur, écrasé sous les précautions prises en sa faveur. Aussi

(1) Proudhon, *op. cit.*, chap. xx, section 4, § 2.

Proudhon admet-il qu'il suffit que, par le jugement qui constitue son mari en présomption d'absence, la femme se fasse donner une autorisation générale d'administrer ; elle n'aurait plus alors besoin de recourir au tribunal, si ce n'est, dans les cas assez rares, où le mari lui-même aurait dû y avoir recours.

Nous croyons qu'en pratique la femme ferait bien de se précautionner ainsi et de se munir de cette autorisation générale, qui n'augmentera guère les frais, et qui aura le grand avantage de faire taire les scrupules exagérés des tiers, avec lesquels elle pourrait avoir affaire.

Mais en théorie toutes nos préférences vont au système préconisé par Demolombe (1), qui distingue formellement les actes d'administration d'avec les actes d'aliénation pour lesquels, seuls, il exige l'autorisation de justice.

Ces actes-là, le mari lui-même ne pourrait les accomplir, sans certaines formalités : il est donc hors de doute que la femme a besoin, pour les faire, de l'assentiment du tribunal. Elle n'a pas plus de pouvoirs que le mari, mais elle en a autant ; par conséquent, s'il convient d'exiger, dans le cas où il s'agit d'actes d'aliénation, une autorisation préalable de justice, il ne faut pas aller trop loin et rendre impossible, à force de surveillance, l'administration de la mère.

On ne peut pas argumenter ici de la position de femme mariée que conserve la mère, il ne s'agit nullement dans notre hypothèse de faire disparaître cette incapacité, mais bien de la restreindre dans les limites que lui a assignées le Code. La femme n'est incapable que vis-à-vis de son

(1) DEMOLOMBE, *op. cit.*, tome II, n° 317.

mari, elle n'est nullement incapable d'être mandataire. Or c'est notre cas. La loi délègue à la femme les pouvoirs du mari ; investie de ce mandat légal, la femme a, par cela même, tous pouvoirs nécessaires pour remplir utilement ce mandat ; que viendrait ajouter à ces pouvoirs une autorisation de justice ? Rien évidemment. Et, en fait, ces pouvoirs n'ont rien d'exorbitant ; ne voit-on pas la femme capable, sous certains régimes, d'administrer ses biens personnels en tout ou en partie? Et sous tous les régimes matrimoniaux, ne serait-elle pas capable de gérer tel ou tel bien avec une procuration de son mari ?

Il nous reste enfin à voir si la femme, exerçant ainsi par délégation de la loi, les pouvoirs du mari quant à l'administration des biens des enfants mineurs, aura droit à l'usufruit légal de ces biens ?

L'opinion générale répond non par argument de l'article 384, aux termes duquel la mère n'a la jouissance légale qu'après la dissolution du mariage; on peut encore s'appuyer sur le texte même de l'article 141, qui parle bien des droits relatifs à l'éducation et aux biens des enfants mineurs, mais sans faire la moindre allusion à la jouissance légale.

Et cependant plusieurs auteurs ne peuvent se résigner à cette injustice flagrante. Rien d'étonnant, selon eux, que l'article 384 n'ait pas parlé de notre cas, très peu pratique, très rare ; cet article a statué sur le cas général, celui de dissolution du mariage par la mort de l'un des deux époux, mais en agissant ainsi, il n'a fait qu'appliquer, à l'hypothèse la plus pratique, la règle générale qui veut que la jouissance légale marche de pair avec l'administration des biens *Ubi onus ibi emolumentum*. Et cet argument est d'une grande force ; certes nous admettons, comme le fait Demolombe (1), que l'usufruit légal n'est pas une conséquence essentielle, indispensable, de la puissance paternelle, mais cet auteur même est obligé de convenir que c'en est une conséquence naturelle, logique, et cela nous paraît suffire. Puisque la règle est que l'usufruit légal est, naturellement, une récompense des soins de la puissance paternelle, pourquoi considérer l'article 384 comme prohibitif, alors qu'il n'est qu'une application de la règle. Et nous ne pensons pas qu'il suffise de dire que l'on ne doit faire perdre à l'absent aucun de ses droits. En effet, l'administration légale forme un tout composé de droits et de devoirs ; et c'est ce tout qui est délégué à la mère. Pourquoi scinder ainsi et distinguer d'une part les devoirs, les obligations dont la mère est tenue, et d'autre part les droits dont elle sera privée ? D'autant plus qu'il n'est pas possible de dire qu'en déléguant à la femme tous les droits du mari, au point de vue de l'éducation des enfants et de l'administration de leurs biens, la loi n'ait pas privé celui-ci de droits importants.

Au reste, la question n'a que peu d'intérêt pratique ; il est rare, tout d'abord, que les enfants qui ont encore leurs père et mère aient un patrimoine propre. En second lieu, que peut-il se passer ? Si le mari présumé absent revient, la situation sera la même dans la plupart des cas, que la femme ait ou non droit à cette jouissance ; car les fruits tomberont en communauté, si l'on est en présence de ce régime, ou bien suivront le même sort qu'ils eussent subi en cas de présence du mari, celui-ci étant réputé n'avoir jamais été absent.

Et si l'absence se prolonge et que l'on arrive à la décla-

(1) Demolombe, *op. cit.*, tome II, n° 318.

ration d'absence, la majorité des auteurs, qui se prononcent contre l'attribution à la femme de la jouissance légale pendant l'absence présumée, font rétroagir la présomption de mort au jour de la disparition, de telle sorte qu'ils arrivent au même résultat que la théorie opposée.

Pour que cette question eût un réel intérêt, il faudrait aller jusqu'au bout, et refuser à la femme la jouissance légale, même après la déclaration d'absence, ainsi que le font quelques interprètes. Cette solution aurait le mérite de la logique, car enfin la déclaration d'absence n'est pas une preuve de la mort ; elle laisse, au contraire, l'existence ou le décès de l'absent dans une incertitude absolue ; où trouver alors, dans ce fait, que l'absence est déclarée, une raison pour déroger à l'article 384. Ou bien cet article n'empêche pas, durant la présomption d'absence, la mère d'avoir droit à l'usufruit légal, ou bien alors celle-ci ne doit jamais y avoir droit La solution intermédiaire prouve qu'il était trop dur de refuser cet usufruit à la mère, et qu'il fallait de manière indirecte le lui faire obtenir. Aussi a-t-on été chercher cette idée de présomption de mort, que l'on admet ou que l'on rejette selon les besoins de la cause, pour mettre la loi d'accord avec l'équité.

SECTION II

Disparition du père, la mère étant décédée

Il convient d'examiner le deuxième cas qui peut se présenter : Le père disparaît, la mère étant déjà décédée.

Cette seconde hypothèse a été prévue par l'article 142 du Code civil aux termes duquel : « Six mois après la disparition du père, si la mère était décédée lors de cette disparition, ou si elle vient à décéder avant que l'absence du père ait été déclarée, la surveillance des enfants sera déférée par le Conseil de famille aux ascendants les plus proches et, à leur défaut, à un tuteur provisoire. »

Un point doit tout d'abord être nettement dégagé, c'est que, dans notre cas, la tutelle était ouverte au moment de la disparition du père. La mère étant décédée, la tutelle avait commencé déjà, elle n'est donc pas causée par la disparition.

Un second point non moins certain, c'est que la tutelle exercée, le plus souvent, par le père survivant, pourra cependant avoir été confiée, par suite de circonstances exceptionnelles à une autre personne. Cette déchéance de la tutelle n'empêche pas le père de conserver la puissance paternelle sur ses enfants, qui se trouve alors indépendante et séparée de l'administration des biens des mineurs.

Ces idées nous permettent de saisir les différents systèmes que le texte ambigu de l'article 142 a fait naître parmi les auteurs.

Quelques-uns ont soutenu que l'article 142 déférait purement et simplement la tutelle, qui appartenait au père, à l'ascendant le plus proche choisi par le Conseil de famille, puis, à défaut d'ascendant, à un tuteur provisoire. Le père, dit-on dans ce système, est tuteur de ses enfants mineurs ; s'il vient à disparaître, il y a lieu tout d'abord de patienter un certain temps, pour être certain que l'on se trouve réellement en face d'une absence véritable ; puis les six mois écoulés, comme on ne peut laisser indéfiniment les enfants sans tuteur, on réunit le Conseil de famille pour déférer la tutelle à l'ascendant le plus proche. Mais des objections nombreuses peuvent être faites à ce système. Tout d'abord nous trouvons au titre de la tutelle des articles (art. 402, 403, 404) qui, à défaut des père et mère, font passer de plein droit la tutelle à l'ascendant le plus proche, tandis que l'article 142 exige l'intervention du Conseil de famille. Pour faire disparaître cette antinomie apparente, Marcadé (1), un des auteurs qui voient une véritable tutelle dans la surveillance déférée aux ascendants, selon l'article 142, Marcadé, disons-nous, a soutenu que les articles 402 et suivants, postérieurs à l'article 142, avaient abrogé cette disposition. Mais cette opinion est restée sans écho et l'on ne peut guère l'admettre, si l'on remarque que les différentes lois composant le Code civil ont reçu une promulgation générale, de sorte qu'on ne peut pas dire que tel article soit postérieur à tel autre. Peut-être faut-il voir là un oubli du législateur, qui, ayant supprimé le concours du Conseil de famille dans la tutelle des ascendants, a oublié de modifier cette disposition de l'article 142. Dans tous les cas, nous croyons qu'il est impossible de déférer le pouvoir dont parle l'article 142, tutelle ou surveillance, sans observer les formes qu'il prescrit.

Le grand argument que l'on fait valoir pour prouver que c'est bien la tutelle qui passe ici aux ascendants est tiré de la dernière partie de l'article 142; à défaut d'ascendant, il sera nommé un tuteur provisoire. Donc, dit-on, si à défaut d'ascendant on nomme un tuteur provisoire, c'est, à n'en pas douter, que le pouvoir à eux confié est une tutelle, et qu'ils sont tuteurs, c'est-à-dire passibles d'hypothèque

____

(1) MARCADÉ, *op. cit.*, tome I, n° 500, page 387.

légale et qu'il y a lieu de nommer un subrogé tuteur pour surveiller leur administration.

Cependant la majorité des auteurs objecte qu'il est impossible, ou tout au moins très difficile, de croire qu'il s'agit là d'une véritable tutelle : En effet, disent-ils, le mot surveillance employé par le Code est bien impropre ; surveillance, cela implique bien un pouvoir sur la personne, l'éducation, mais nullement une administration des biens, il faut forcer le sens des mots pour l'y faire rentrer. Et, de plus, dans l'article 151, la loi, après avoir déféré à la mère la surveillance des enfants mineurs, a eu soin de lui confier, en plus, tous les droits du père quant à l'éducation et à l'administration des biens de ces enfants. Le mot surveillance, dans l'esprit du législateur, ne comprenait donc pas ces pouvoirs-là.

La seconde raison est que le père absent garde la tutelle ; pourquoi en effet la lui ôter ? L'absence n'a jamais suffi à faire prononcer une déchéance contre le présumé absent. Il était tuteur au jour de sa disparition, il le reste.

Il y a bien contre cette théorie l'argument tiré des mots « tuteur provisoire », mais on peut répondre, comme le fait Demolombe (1), qu'il était nécessaire de prendre contre un étranger des précautions plus grandes que contre un ascendant, et que le législateur a cru les trouver dans la nomination d'un tuteur, dont la gestion est surveillée par un subrogé tuteur, et garantie par une hypothèque légale.

Cette opinion a le grand mérite de respecter les droits du père présumé absent, et de bien cadrer avec la première partie du texte de l'article 142. Et cependant, pas plus que la précédente, elle ne donne raison de l'antinomie qui

____

(1) DEMOLOMBE, *op. cit.*, tome II, n° 328.

existe entre les règles établies au chapitre de la tutelle sur la nomination des ascendants à la tutelle, et la règle de l'article 142.

Ce qui tendrait encore à la faire adopter, c'est que l'on va se trouver hors des règles strictes de la tutelle et que l'on pourra, sous l'autorité supérieure du Conseil de famille, organiser un pouvoir plus souple, se prêtant plus facilement aux circonstances de fait souvent exceptionnelles dans lesquelles on se trouvera. Le Conseil de famille aura, il est vrai, un pouvoir bien restreint quant à la désignation de celui qui sera investi de la surveillance, car il devra se borner à choisir l'ascendant le plus proche ; pour que son choix soit effectif, il faut supposer qu'il existe plusieurs ascendants du même degré et du même sexe ; situation assez rare, et c'est alors entre ces ascendants que s'opèrera son choix.

Il faut arriver maintenant au dernier système, qui cherche à délimiter nettement le domaine de l'article 142 et à l'appliquer à des cas spéciaux dans lesquels il ne peut être en contradiction avec les principes généraux de la tutelle.

Quand le père vient à disparaître, dit M. Beudant (1), l'auteur de la théorie, il peut, puisque la mère est décédée, être tuteur de ses enfants mineurs, et ce sera le cas normal ; mais il peut aussi, pour une raison quelconque, avoir été privé de la tutelle. Cependant, même dans ce deuxième cas, et si l'on excepte l'hypothèse d'une déchéance de la puissance paternelle, le père aura conservé cette puissance sur ses enfants, ce que l'article 142 appelle la surveillance.

Ce qu'il s'agit de déterer dans l'article 142, selon M. Beudant, c'est la puissance paternelle, rien de plus.

____

(1) BEUDANT. *Droit civil*, tome II, p. 417, n° 775.

L'auteur disparu n'exerçait pas la tutelle, celle-ci continue, mais six mois après la disparition, la puissance paternelle, « la surveillance » restée sans titulaire, sera déférée par le conseil de famille, conformément à l'article 142.

Si au contraire l'ascendant disparu exerçait à la fois la tutelle et la puissance paternelle sur ses enfants, il y aura lieu alors de nommer un tuteur dans les termes du droit commun, c'est-à-dire que s'il y a des ascendants, la tutelle leur sera dévolue de plein droit par l'effet de la loi même. Quant à la puissance paternelle seulement, on devra surseoir six mois et la faire déférer par le conseil de famille, selon l'article 142, à une personne qui pourra être le tuteur, mais qui pourra aussi être un autre, et s'appellera alors tuteur provisoire, expression mal choisie, mais qui s'oppose ainsi à l'autre tuteur, au tuteur définitif.

Telle est en résumé cette théorie, qui semble d'abord un peu paradoxale, mais qui n'est pas sans présenter des avantages pratiques considérables. Elle délimite tout d'abord de manière très nette et très stricte, la sphère d'application de l'article 142 ; elle la sépare nettement des hypothèses prévues par les articles 402 et suivants. Elle fait disparaître en second lieu, ou tout au moins elle atténue en grande partie, l'effet déplorable de ce délai de six mois, dont parle l'article 142. Cela semble d'un autre âge, cette idée qu'il convient de respecter pendant six mois le secret des affaires d'un disparu, sous prétexte qu'il peut n'être pas mort, et qu'il convient de laisser le père de famille exercer son pouvoir en toute liberté. Ces retards peuvent avoir pour les mineurs les plus graves conséquences ; car le recours aux tribunaux et l'intervention du ministère public sont des moyens coûteux et souvent illusoires.

Le seul cas où ceux-ci pourront faire quelque chose,

c'est celui où les mineurs seront sans moyens d'existence, et où l'on sera obligé de les envoyer dans quelque hospice d'enfants trouvés. Ce ne peut être, on le conçoit, le cas de tous les mineurs. D'autre part, il est impossible de laisser six mois à l'abandon les biens qui peuvent leur appartenir. En pratique, il se passera ce fait que ces biens seront gérés, administrés, par un individu quelconque, un parent sans mandat officiel, et contre lequel n'existeront pas les garanties de la tutelle. N'est-il pas bien préférable qu'un tuteur soit immédiatement nommé et chargé d'administrer le patrimoine du mineur sous les garanties ordinaires.

Il est au contraire bien moins urgent de déférer officiellement l'exercice de la puissance paternelle aussitôt après la disparition du père ; les mineurs se trouveront en fait placés le plus souvent sous l'autorité de quelque parent ou voisin, et il importe assez peu que celui qui exercera ce pouvoir de fait ait ou non la consécration du conseil de famille. Suivant les ressources et l'âge des enfants mineurs on pourra facilement les placer dans quelque établissement d'éducation, ou dans telle maison d'apprentissage. Là, l'autorité des maîtres remplacera pour un temps la puissance du père disparu.

Ce sont, nous l'avouons, ces considérations pratiques qui nous font nous rallier au système de M. Beudant, bien qu'en théorie il soit peut-être un peu sujet à critique ; mais nous avons vu, que ni l'un ni l'autre des trois systèmes ne rendait compte bien exactement du texte contradictoire de l'article 142 ; nous pensons donc qu'il convient choisir le système le mieux en harmonie avec les besoins de la vie courante, sans trop s'inquiéter de le mettre d'accord avec les termes peu nets, où s'est embarrassé le législateur.

Plusieurs autres hypothèses encore peuvent être imaginées que ne prévoit pas l'article 142 ; il est très généralement admis qu'il convient de généraliser par voie d'analogie les solutions qu'il donne. Mais cet article prévoit encore un autre cas, celui où le père disparaît alors qu'existait encore la mère, puis où elle vient ensuite à décéder. Ces hypothèses ne donnent pas lieu en général à de grandes difficultés. Une seule peut sembler plus délicate, c'est celle où les deux ascendants viennent à disparaître soit simultanément, soit l'un après l'autre.

L'objection possible est alors que la tutelle n'est pas ouverte, aucun des père et mère n'étant décédé, ou même simplement absent déclaré ; donc, dit-on, il n'y a pas lieu d'appliquer ici l'article 142, mais bien de s'en tenir aux mesures provisoires de l'article 112. Il est évident que cette objection peut avoir quelque valeur dans le système selon lequel le pouvoir conféré par l'article 142 est une véritable tutelle, mais qu'il ne saurait en avoir aucune dans celui que nous avons admis plus haut. Que nous importe que la tutelle soit ou non ouverte pour appliquer l'article 142, puisque, croyons-nous, il n'y est pas question de tutelle, mais seulement de la puissance paternelle.

Ceci nous amène à examiner une contradiction que les interprètes soutenant le premier système sont obligés de reprocher au Code civil. L'article 424 prévoit le cas où la tutelle serait abandonnée par absence et il prescrit les solutions qui devront alors intervenir pour arriver à remplacer le tuteur. Cet article parle de l'absence, sans spécifier aucunement qu'il s'agisse là de l'absence déclarée, le reste de l'article paraît indiquer, au contraire, que le mot absence y est pris dans son sens usuel, c'est-à-dire qu'il comprend même le cas d'éloignement, sans aucune incertitude sur l'existence. Et alors, il y a lieu de se demander comment il faut entendre et appliquer cet article 424.

Les auteurs qui, comme Marcadé, voient dans l'article 142 une tutelle déférée selon des règles spéciales, admettent en général contre toute vraisemblance que le mot « absence » est employé dans l'article 424, *stricto sensu*, dans le sens d'absence déclarée. D'autres, comme Demolombe, ne peuvent se résoudre à restreindre ainsi le texte, mais ils enseignent alors qu'il y a lieu de distinguer, suivant que le tuteur est le père ou la mère, ou bien que c'est une autre personne. Dans le premier cas, l'article 142 étant spécial doit être seul appliqué, puisqu'il déroge au droit commun de l'article 424, mais quand le tuteur n'est ni le père ni la mère, c'est à ce dernier article qu'il faut s'en référer.

Dans la théorie admise plus haut, on n'est point obligé d'avoir recours à ces restrictions arbitraires, l'article 142 est relatif à la puissance paternelle, l'article 424 à la tutelle, il faut les appliquer chacun dans leur sphère, ils se complètent l'un l'autre, sans se contredire en aucune manière, et nous n'hésiterons pas à donner à cet article 424 l'application la plus large possible.

Il convient enfin de terminer en mentionnant la disposition inutile de l'article 143. Cet article règle le cas de la disparition du père ou de la mère, remarié, et laissant des enfants mineurs issus d'un mariage précédent. Cet article se contente d'appliquer à cette hypothèse la règle prescrite par l'article 142. Cela allait de soi. Il n'est pas douteux en effet qu'il ne pouvait être question de confier, au second conjoint, un pouvoir quelconque sur les enfants d'un premier lit. La loi se défie trop, et à trop juste titre, des seconds mariages, pour sacrifier ainsi les intérêts des mineurs en cette occasion ; et c'est pour qu'il n'y ait aucun doute à ce sujet que le législateur a ainsi formulé une disposition expresse pour écarter le second conjoint.

SECTION III

Des effets de l'absence déclarée

Mais si telle est la situation pendant la présomption d'absence, que va-t-il se passer lors de la déclaration d'absence. Il est admis, de manière très générale, qu'à ce moment, la tutelle s'ouvre quand elle ne l'était pas encore. Il y a lieu à ce moment, dit M. Beudant (1), de faire provisoirement tout ce que l'on ferait si l'absent était mort.

Et nous avouons ne pas saisir bien exactement la restriction que Marcadé (2) veut apporter à cette règle. « Il est un « cas, dit-il, où la tutelle restera en suspens, c'est celui où le conjoint du déclaré absent sera lui-même en présomption d'absence ». Mais cela n'atténue en rien la règle, nous semble-t-il, même dans l'opinion que soutient Marcadé sur l'article 142. La déclaration d'absence n'en a pas moins ouvert la tutelle, qu'on fasse résider cette tutelle sur la tête du conjoint présumé absent, ou bien qu'on la fasse passer, comme nous pensons que cela doit se faire, directement, sur la tête d'un tuteur, désigné selon les règles du droit des tutelles, cela n'en retarde nullement l'époque d'ouverture, mais seulement l'exercice effectif.

Le point délicat de la question est de savoir ce que l'on doit décider, si le conjoint présent continue la communauté, comme il en a le droit, après la déclaration d'absence de

(1) Beudant, *Cours de droit civil*, tome II, n° 775, *in fine*.
(2) Marcadé, *op. cit.*, tome I, n° 505, page 392.

son conjoint. Le texte de l'article 124 paraît général : « Il pourra empêcher... l'exercice provisoire de tous les droits subordonnés au décès de l'absent ». Sans viser spécialement aucune catégorie de droits, cet article semble bien les comprendre tous dans la généralité de ses termes. Cela peut avoir une très grande importance, au point de vue des garanties que la loi exige du tuteur, et dont elle dispense le père ou la mère, administrateur légal des biens de ses enfants. La raison de douter, c'est qu'il est bizarre de permettre ainsi à une personne de se dérober à des garanties instituées par la loi, et sans qu'il y ait de cela aucune raison. Nous savons bien qu'on peut répondre que les mineurs auront rarement un patrimoine propre si la communauté continue, le conjoint présent conservant en ce cas l'administration de tous les biens ; mais cependant il n'est pas impossible que les mineurs aient une fortune personnelle ; pourquoi les priver ainsi des garanties auxquelles ils ont droit. Mais, quels que soient les inconvénients qui puissent résulter de ce manque de garanties, l'article 124 est trop général pour qu'il soit possible de l'écarter. Il faut du reste remarquer que celui qui est ainsi affranchi des sûretés imposées au tuteur, c'est le père ou la mère, dont l'affection sera le plus souvent un sûr garant de bonne administration.

CHAPITRE V

Il conviendrait, selon nous, avant de réformer notre loi
surannée en matière d'absence, de séparer nettement de
l'absence une foule de cas que l'on y a rangés, alors que
manifestement ils n'ont pas de rapports avec elle.

L'absence est caractérisée, avons-nous dit, par ce fait
que l'existence d'une personne se trouve dans un état absolu
d'incertitude ; on ne peut dire si celui qui a disparu est vivant ou mort. Mais cette définition s'applique très imparfai-
tement à diverses situations qui se différencient peu nettement jusqu'ici de la théorie générale des absents. Il arrive
souvent que l'on est dans l'impossibilité de dresser un acte
de décès régulier, parce que la constatation de la mort par
l'inspection du cadavre n'a pas pu se faire. Et cependant le
décès est certain, évident, aucune chance ne reste que celui
qui a disparu soit encore en vie.

Le Code n'avait prévu aucune de ces situations, et cependant divers passages de Lebrun (1) montrent que cette distinction avait déjà été faite dans l'ancien droit ; si elle y
était restée à l'état de pure théorie, c'est que, les cas les
plus fréquents de ces morts qu'on ne peut constater, pro-

(1) LEBRUN. *Traité des successions*, liv. I, chap. 1, section 1.

viennent des naufragés en mer et des accidents de mine.
Or, l'industrie minière était alors peu développée et n'employait qu'un petit nombre d'ouvriers, de telle manière que
les accidents devaient y être peu fréquents et de peu d'importance.

Quant aux naufrages, ils étaient fort nombreux, et bien
que les relations maritimes eussent moins d'extension que
de nos jours, le nombre des disparus en mer devait être très
grand. Mais on n'hésitait pas, et avec raison pensons-nous,
à appliquer les règles de l'absence. Si l'on se représente ce
que devaient être alors les relations avec les autres continents, et les îles des mers lointaines, les difficultés que pouvaient avoir les marins, naufragés sur quelque côte éloignée,
à faire savoir de leurs nouvelles, le temps qu'il fallait pour
qu'elles parvinssent à destination, on se rendra compte que
les délais n'étaient nullement exagérés, et qu'il était possible qu'un homme restât quinze ou vingt ans, avant de
pouvoir rentrer à son foyer, ou faire savoir à ses parents
qu'il était en vie.

Mais depuis longtemps il n'en est plus ainsi, et l'on peut
dire qu'à part le décret de 1813, réglant la situation des mineurs, la loi dans notre pays est restée fort en retard jusqu'en
ces derniers temps. Et même depuis la loi de 1893, il reste,
nous le verrons, une foule de cas non prévus, pour lesquels
la jurisprudence est obligée d'étendre la loi par voie d'analogie, ce qui laisse aux tribunaux une latitude peut-être
exagérée.

Les accidents arrivés dans les mines et qui donnent lieu
à des décès impossibles à constater régulièrement, sont régis par l'article 19 du décret du 3 janvier 1813, aux termes
duquel le maire constate l'impossibilité où l'on est de parvenir à l'endroit où se trouvent les corps ; le procès-verbal

du maire est transmis au procureur de la République, puis, sur l'autorisation du tribunal, annexé aux registres de l'état-civil. On est d'accord pour admettre que ce procès-verbal ainsi annexé vaut un acte de décès régulier, et permet, notamment à l'épouse du mineur ainsi disparu, de contracter un second mariage.

Tel fut jusqu'en 1893, le seul texte sur la matière, et cependant, depuis déjà longtemps, les relations par mer s'étaient totalement modifiées. Il est évident qu'à l'heure actuelle, quand un navire fait naufrage sur un point quelconque du globe, on est très rapidement informé du sinistre.

Les marins ou passagers échappés du naufrage auront, soit abordé sur quelque côte où ils pourront trouver le moyen de faire connaître leur sort, soit été recueillis à bord d'un navire qui, à la première escale, s'empressera de télégraphier la nouvelle du sinistre et les noms des personnes sauvées.

Aussi était-il impossible qu'en dépit du texte formel du Code, une exception ne fût pas imposée par les mœurs, et c'est ce qui eut lieu, avec timidité tout d'abord, puis ensuite, de manière si nette, que la loi de 1893 n'a fait, en réalité, que régulariser une situation déjà acquise. C'est sur les côtes de la mer du Nord et de la Manche, spécialement pour les marins partis à la pêche, soit en Islande, soit sur les côtes de Terre-Neuve, que l'usage fut d'abord introduit. On se contentait, paraît-il, d'un simple acte de notoriété dressé devant le juge de paix du port d'armement du bateau disparu. Deux témoins, c'est-à-dire en réalité deux marins qui n'avaient rien vu, venaient attester la disparition de tel bateau, dans tels parages, à telle époque, et la mort des hommes qui le montaient ; puis l'acte était transmis au procureur de la République, et, sur avis conforme de celui-ci, le tribunal rendait un jugement ordonnant que ledit acte de notoriété fût transcrit sur les registres des actes de l'état civil pour valoir acte de décès. C'était donc l'extension pure et simple du décret de 1813, extension peut-être un peu difficile à justifier en théorie, mais infiniment bonne en pratique et tout à fait conforme à la réalité des faits.

Ce ne fut pas sans de grandes résistances, surtout paraît-il dans les ports de l'Océan et de la Méditerranée, que cette jurisprudence triompha. On pourrait en noter les progrès lentement réalisés, pendant les quelque dix ans où la loi de 1893 resta à l'état de projet.

Quoi qu'il en soit, cette loi tardive était loin d'être sans utilité, encore qu'elle fût incomplète. Elle prévoit spéciale-ment deux cas, celui de disparition isolée d'un individu à bord d'un navire, et celui de la perte corps et biens d'un bâtiment. Dans le cas de disparition isolée, il y a lieu, quand on le peut, d'en dresser un procès-verbal détaillé, mention-nant non seulement la désignation exacte de l'individu dis-paru, les lieu, date et heure de disparition, mais encore toutes les circonstances dans lesquelles s'est produit l'acci-dent. Ce procès-verbal de disparition ne peut pas tenir lieu d'acte de décès, mais il a cependant une grande importance ; aussi est-il prescrit aux officiers instrumentaires chargés de rédiger ces procès-verbaux, d'y apporter tous leurs soins. Ils vont former en effet la seule base de la déclaration judi-ciaire du décès du disparu.

L'article 88 du Code civil prévoit un second cas, c'est celui où il n'a pas été possible de dresser un procès-verbal de disparition, soit que le navire ait péri corps et biens, soit même qu'une partie seulement de l'équipage ait été sauvée. Dans ce cas encore il peut y avoir lieu à déclaration de dé-cès, mais ici la loi exige une enquête préalable.

En pratique cette enquête se fait dans le premier cas .

comme dans le second, même quand il y a un procès-verbal
de disparition. C'est du moins ce que recommande une circulaire ministérielle, explicative de la loi du 20 janvier 1894.
Ce sont les commissaires de l'inscription maritime qui sont
chargés de faire cette enquête, pour laquelle ils ont toute latitude. Aucune forme spéciale ne leur est prescrite, et la seule
chose qui leur soit recommandée, c'est d'agir avec circons-
pection, et de s'enquérir de tous les détails et circonstances
qui ont accompagné l'accident. Ils doivent également réunir une série de pièces destinées à établir l'identité du disparu, et à s'assurer qu'il n'a pas encore été l'objet d'un acte
de décès ou d'une déclaration de mort.

Ces enquêtes sont transmises avec pièces à l'appui au
Ministère de la marine. La circulaire fixe des délais avant
que l'on puisse passer à la déclaration de décès, délais va-
riables suivant l'éloignement des mers où s'est produit
l'accident. Pour les bateaux armés à la petite pêche, et pour
les navires armés au cabotage, ou au long cours, si la disparition est survenue sur les côtes de France, un an suffit ;
pour les navires de cabotages qui ne fréquentent que les
mers d'Europe, et pour les navires au long cours qui n'ont
pas dû quitter ces mers, il faut dix-huit mois ; deux ans
pour les navires au long cours qui n'ont pas dû quitter
le bassin de l'Atlantique, et trois ans enfin pour ceux
qui naviguent dans l'Océan Pacifique ou dans l'Océan
Indien.

Il est tout naturel en effet que l'éloignement des mers où
naviguaient les bâtiments soit pris en considération, mais il
faut bien remarquer que ces délais n'ont rien de fatal, et
qu'ils peuvent être abrégés selon les circonstances « spécialement, dit la même circulaire, en cas de disparition cons-
tatée par procès-verbal, lorsque la probabilité des décès se

rapprochera de la certitude, et que des intérêts sérieux seront invoqués par les familles ou en leurs noms ».

Nous n'hésitons pas à approuver pleinement ces dispositions en ce qu'elles permettent de modifier les délais selon les hypothèses, mais cependant, il est, à notre avis, deux grandes objections à faire à la loi; c'est qu'elle ne fait pas une assez large place à l'intervention de la famille du disparu, et, en second lieu, qu'elle ne fait pas assez de publicité effective autour de l'enquête. Rien ne serait plus facile, semble-t-il, que de faire faire dans tous les ports de mer où se trouve un agent français, des recherches sur l'individu disparu. Il se peut, bien que ce doive être très rare, que l'individu porté comme disparu ait été recueilli par quelque navire, et débarqué fort loin du lieu de l'accident. Nous savons bien que, presque toujours, le premier soin du naufragé sera de se rendre au Consulat français, s'il en existe un, et là, il fera donner de ses nouvelles, et demandera à être rapatrié; mais supposons qu'il n'agisse pas ainsi, il y aura là une chance d'erreur pour le jugement de déclaration de décès, et si faible soit-elle, il conviendrait, croyons-nous, de la faire disparaître.

Il serait préférable également que la famille fût mise à même d'intervenir à l'instance, non qu'il convienne de lui donner le droit de suspendre l'action de l'administration, mais au contraire, pour lui permettre de faire valoir ses légitimes intérêts, et surtout pour éviter que deux procès ne soient intentés qui pourraient aboutir à des décisions divergentes.

Si les dispositions de la loi sont bonnes, elles sont incomplètes. Il aurait mieux valu, pensons-nous, donner toute l'extension possible à la distinction essentielle, dont la loi du 8 juin 1893 n'est qu'une application, entre celui qui a péri et dont le corps n'a pu être retrouvé, et l'absent proprement dit. De nombreux cas peuvent se produire qui ne rentrent ni dans les termes du décret de 1813, ni dans ceux de la loi de 1893 ; ce sera par exemple l'hypothèse de voyageurs engloutis dans une avalanche, ou bien encore périssant dans quelque incendie.

Il faut remarquer que rien, ni dans le texte de la loi ni dans les discours qui l'ont précédé, ne permet de croire qu'elle ait eu pour but de restreindre la jurisprudence alors en cours. Celle-ci, avons-nous dit, étendait à tous les cas similaires la décision du décret de 1813 ; la loi de 1893 n'a pas voulu faire autre chose que de régler de façon plus précise une hypothèse qui donnait lieu à des contestations nombreuses ; elle n'a pas voulu empêcher pour l'avenir toute interprétation extensive du décret de 1813.

Nous en trouvons la preuve dans le passage suivant du rapport de M. Thézard au Sénat : « La majorité des auteurs, dit-il, et surtout la jurisprudence et la pratique ont appliqué aux cas de ce genre (il s'agit des cas prévus par la nouvelle loi) les dispositions du décret du 3 janvier 1813 (art. 19) applicable aux ouvriers qui ont péri dans les travaux des mines, et dont on ne peut retrouver les cadavres.

« Il n'en était pas moins utile d'établir de ce chef des dispositions spéciales tant pour faire cesser la controverse existant encore dans la doctrine, que pour fixer les règles précises de compétence et de doctrine. »

Il s'agit là, on le voit, de préciser la procédure, et de faire cesser la controverse, nullement de restreindre l'interprétation du décret de 1813 ; mais il aurait été préférable que la loi visât spécialement ces hypothèses, et y apportât des solutions similaires. On comprend mal les raisons qui

Collet

9

ont empêché le législateur d'étendre les principes qu'il consacrait.

Des lois étrangères l'ont fait, comme, par exemple, la loi autrichienne de 1883 et le Nouveau Code civil allemand. L'article 17 de ce Code est ainsi conçu : « Celui qui s'est trouvé en danger de mort dans des circonstances autres que celles mentionnées aux articles 15 et 16 (cas de disparition au cours d'une guerre, ou d'accident maritime) et a disparu depuis lors, peut être déclaré décédé, si depuis l'évènement par lequel sa vie a été mise en péril, il s'est écoulé trois ans. »

Cette disposition très générale nous semble sage, elle est assez large pour comprendre tous les cas spéciaux qui peuvent se produire, et qu'il est préférable de ne pas enfermer dans une énumération forcément incomplète. La seule critique, que l'on serait tenté de lui adresser, est que le délai paraît plus long qu'il n'est nécessaire. Un an serait suffisant, car il ne faut pas oublier que l'hypothèse est d'une disparition dans un sinistre. L'individu y était présent ; depuis on n'a pas pu le retrouver ; la seule chose qui soit à considérer, c'est le temps nécessaire pour faire toutes les recherches qu'il convient ; il sera bien rare que le délai d'un an ne suffise pas et du reste les tribunaux ne déclareront le décès que si l'enquête a été faite. De ce qu'ils pourraient prononcer le jugement de déclaration de mort un an après l'accident, cela ne les empêcherait en rien d'attendre plus longtemps, lorsqu'ils le jugeraient bon.

Mais il convient, maintenant que nous avons essayé de soustraire aux lois de l'absence les cas de disparition par suite d'accidents d'examiner si, même au point de vue de l'absence proprement dite, des hypothèses où il y a incertitude absolue, notre loi répond réellement aux besoins de la pratique? Nous ne le pensons pas.

Les délais pendant lesquels on laisse dans l'incertitude la vie et la mort de l'absent, sont beaucoup trop longs. Quelqu'un, qui a disparu depuis trente ans sans donner de nouvelles, est mort, à moins qu'il ne lui plaise de laisser sa famille dans l'abandon. De toute manière on ne peut laisser son état en suspend. Au point de vue spécial qui nous occupe, nous pensons que deux ordres de solutions s'imposent tout d'abord, d'une part la séparation de biens, et le divorce, d'autre part la déclaration de mort.

CHAPITRE VI

DE L'ABSENCE, CAUSE DE SÉPARATION DE BIENS

Le premier remède, que nous voudrions voir introduire dans la loi, serait de permettre à la femme de celui qui a disparu de demander sa séparation de biens, séparation qu'il serait désirable de compléter en rendant à la femme sa pleine capacité civile.

Pendant toute la présomption d'absence, la femme présente va se trouver, nous l'avons vu, dans une situation très précaire ; aucun pouvoir stable n'est établi sur les biens de l'absent, seules des mesures provisoires sont prises en cas de nécessité. C'est souvent la perte de la totalité ou de la plus grande partie de la fortune du mari absent ; or, il ne faut pas oublier que, sous le régime de la communauté, la fortune du mari et celle de la femme sont solidaires l'une de l'autre. Si l'absence du mari vient à causer la perte des biens de communauté, dans la plupart des cas, la femme se trouvera ruinée, sa fortune comprenant le plus souvent les bénéfices réalisés en commun grâce à la collaboration des deux époux. La communauté légale, surtout dans les villes, englobe souvent tous les biens. Il serait donc très équitable que la femme se trouvât à l'abri des conséquences désastreuses que l'absence ne peut manquer d'avoir sur le sort des biens communs.

Nous savons bien que le juge peut conférer à la femme

l'administration des biens du mari, y compris ceux de la communauté, mais s'il peut le faire, il n'y est pas obligé. Si les héritiers présomptifs du mari sont en désaccord avec la femme présente, ils chercheront à lui faire enlever cette administration. Dans tous les cas, si la femme reste administratrice des biens, ce sera à charge d'en faire emploi, car logiquement on ne peut permettre à l'époux présent de disposer de biens qui ne lui appartiennent peut-être pas.

Ne serait-il pas plus naturel de tirer d'une situation de fait les conséquences qu'elle comporte. En réalité, la femme est séparée de corps ; elle devrait reprendre purement et simplement sa pleine capacité civile et la libre disposition de ses biens. Après un délai de six mois, par exemple, nécessaire pour vérifier si l'absence est réelle, au lieu de demander au tribunal d'ordonner les mesures qu'il est indispensable de prendre, la femme devrait pouvoir, si elle préfère, demander au juge de constater qu'elle est dans le même état que si elle était séparée de corps d'avec son mari, et de tirer les conséquences juridiques de cet état de choses. On procéderait alors à la liquidation de la communauté ayant existé entre les époux, et des reprises de chacun d'eux, dans les formes ordinaires de séparations des biens.

Et remarquons que cela ne choquerait les principes, pas plus dans le régime de la communauté que dans les autres régimes. On comprend très bien qu'il y ait communauté, lorsque les époux travaillent ensemble, chacun dans leur sphère spéciale, et dans la mesure de leurs moyens, à acquérir et à conserver les biens nécessaires à l'entretien du ménage et des enfants communs ; mais si l'un des deux disparaît, cesse de travailler pour la communauté, pourquoi celle-ci continuerait-elle, boiteuse, ne profitant plus que du travail d'un seul ? Nous ne croyons pas décisive l'objec-

tion qui consiste à dire que l'absent peut de son côté acquérir des biens dont profitera aussi la communauté, ceci
n'est pas exact. Si l'absent est dans l'impossibilité absolue
de donner de ses nouvelles, il faut supposer qu'il est pri-
sonnier de quelque tribu sauvage, des pirates ; mais alors
il lui est également impossible d'acquérir des biens. Si, au
contraire, il est en situation de travailler librement, de faire
des économies qui tomberont en communauté, il n'est pas
admissible qu'il ne puisse absolument pas donner de ses
nouvelles.

Si, pouvant faire savoir qu'il vit, il ne le fait pas, il est en
faute, et les mesures prises contre lui, même si elles
lèsent ses intérêts, sont parfaitement justifiées.

Une fois le partage fait, la femme reprendrait la pleine
disposition de ses biens, pouvant les aliéner, les hypothéquer sans avoir besoin pour cela d'aucune autorisation.
L'autorisation maritale se comprend parfaitement dans une
séparation de biens ordinaire, mais ici la situation est diffé-
rente. Cette autorisation, on ne peut la demander au mari
présumé absent, il faut donc recourir à la justice, et ce ne
sera plus alors qu'une formalité illusoire et coûteuse, on l'a
supprimée en 1883 pour la femme séparée de corps, il
serait rationnel de faire de même ici.

Rien n'empêcherait au reste, en cas de retour du mari,
d'exiger de nouveau cette autorisation.

CHAPITRE VII

Nous devons rechercher maintenant si, dans le cas d'absence véritable, lorsqu'il n'y a aucun indice faisant supposer la mort plutôt que la vie de l'absent, il ne conviendrait pas de faire de cette absence une cause de divorce au profit du conjoint présent.

Le divorce pour cause d'absence fut introduit pour la première fois dans notre droit par la loi du 20 septembre 1792, qui comprenait l'absence pendant cinq ans, sans nouvelles, au nombre des motifs permettant de le demander. Nous mentionnerons pour mémoire le décret du 4 floréal an II, qui en réalité visait plutôt l'abandon, l'émigration, que l'absence proprement dite. La question s'est présentée lors de la discussion du Code civil, et cela à deux reprises différentes, à propos du titre des absents et de celui du divorce. Mais elle n'aboutit pas.

M. Naquet a voulu l'introduire dans la loi de 1884, et de nouveau l'innovation a été repoussée. Voyons si les motifs de ces échecs successifs sont bien concluants.

Les deux principaux, qui aient été donnés lors de la discussion du Code, nous semblent pouvoir être ainsi résumés : Voici d'abord ce que dit Tronchet (1) : « Il déclare

---

(1) LOCRÉ, *op. cit.*, tome V, page 117 et suiv.

qu'il rejette la cause de l'absence, on ne sait si le mari est mort ou vivant ; la loi lui conserve ses propriétés, et, par la contradiction la plus bizarre elle lui enlèverait la propriété de sa femme. Ce serait un scandale. »

Le second motif, donné par Thibaudeau (1), est que le divorce ne peut jamais être fondé que sur les torts de l'un des époux envers l'autre ; l'absence n'est point un tort ni un délit, c'est le plus souvent un malheur ; la loi doit toujours le présumer. Ce serait dénaturer le remède extraordinaire du divorce que de l'admettre dans le cas d'absence, quelle qu'elle soit.

Ce dernier motif a été repris par M. Batbie qui, dans la séance du samedi 7 février 1884, a fait échouer au Sénat l'amendement de M. Naquet, introduisant l'absence parmi les causes de divorce.

En plus de cela, M. Batbie a énuméré une série d'objections, qui, pour la plupart, ne touchent pas au principe même, comme par exemple la difficulté de faire la procédure contre l'absent, mais dont une cependant touche au fond même de la question.

Quand l'absence a été déclarée, a-t-il dit en substance, qu'il se soit écoulé un temps plus ou moins long depuis la disparition, peu importe, la situation est celle-ci : on ignore si l'absent vit ou est mort, et alors, s'il est mort, vous ne pouvez pas prononcer le divorce, car on ne divorce pas d'avec un mort ; s'il vit et qu'il ne reparaisse pas, parce qu'il ne le veut pas, c'est un cas d'injure grave et la disposition est inutile ; si enfin il ne reparaît pas parce qu'il ne le peut pas, on ne doit pas prononcer le divorce contre lui.

La seule objection qui nous paraisse avoir une grande

(1) Locré, *loc. cit.*

importance, c'est celle qui a été admise par Thibaudeau et
que M. Batbie développe longuement à la fin de son discours, savoir : « Que la seule base du divorce ce sont les
torts de l'un des époux envers l'autre. »

En effet, l'assimilation, que Tronchet voulait faire entre
la propriété des biens que l'on conserve à l'absent et la propriété de sa femme qu'on lui enlèverait ainsi par le divorce,
ne me paraît pas exacte. La femme n'est pas la propriété
du mari comme semble le dire Tronchet ; le mariage fait
naître entre le mari et la femme une série d'obligations
réciproques, mais il ne nous semble pas qu'on puisse tirer,
des règles applicables aux biens, aucune induction sur celles
qu'on devra appliquer aux personnes. Ce sont deux ordres
d'idées absolument différents, et de ce que l'absent doit à
son retour recouvrer la propriété de tous ses biens, ce
n'est nullement une raison suffisante pour obliger sa femme
à attendre pendant de longues années qu'il lui plaise de
donner de ses nouvelles.

Nous ne pensons pas non plus qu'il faille s'arrêter au
dilemne posé par M. Batbie ; si l'absent est décédé, dit-il,
on ne peut prononcer le divorce, car on ne divorce pas
d'avec un mort ; c'est vrai, aussi n'est-ce pas contre un
mort que le divorce est prononcé, mais contre un absent,
c'est-à-dire contre un individu dont l'existence ou le décès
sont également incertains. Si cet argument de M. Batbie
était probant, il prouverait trop, car il est aussi contradictoire de déclarer absent un individu qui est mort que de
prononcer le divorce contre lui ; nous ne croyons donc pas
que cela soit suffisant.

S'il est vivant, ajoute l'orateur, de deux choses l'une :
ou bien il peut revenir et ne veut pas, alors c'est une injure
grave et la disposition est inutile. Mais non, et ici encore

M. Batbie ne semble pas être dans la vérité. Nous pensons que M. Emile Labiche avait raison de répondre que, pour prouver que l'absence est volontaire, il faudrait avoir des nouvelles de l'absent, et qu'alors il n'y aurait plus absence mais abandon. Si on pouvait faire cette preuve, la disposition serait évidemment inutile et le cas rentrerait dans celui d'injures graves ; mais c'est justement parce que cette preuve est impossible par hypothèse qu'une disposition spéciale était nécessaire.

Enfin, dit M. Batbie, si le conjoint ne peut pas revenir, s'il en est empêché, alors on ne doit pas prononcer le divorce contre lui ; et c'est ici que nous voyons réapparaître la question qu'il nous faut aborder maintenant : l'absence n'est pas un tort ni un délit, c'est le plus souvent un malheur et le divorce ne peut être prononcé que pour une faute d'un des époux envers l'autre.

Oui, nous croyons, comme Thibaudeau et comme M. Batbie, que le divorce ne peut être prononcé que pour les torts que l'un des époux a envers l'autre et que ce serait en fausser le sens absolument, que de l'admettre quand celui contre lequel on le prononce n'est que malheureux. Cependant nous pensons que l'absence devrait être une cause de divorce. Il est, avons-nous vu, des cas où on ne peut arriver à la déclaration de décès parce qu'aucun événement n'est connu qui ait fait courir à l'absent un danger de mort. Et cependant que se sera-t-il passé dans la majorité de ces cas ? Un crime, un accident non découvert, quelque chose ayant obligé l'absent à disparaître et à cacher sa retraite ; ce sera encore, si l'on veut, un abandon de l'un des époux par l'autre, parti sans qu'on sache en quel endroit. Mais quelque cause que nous supposions à cette absence, toujours nous sommes obligés d'admettre que celui qui, pendant plusieurs années, n'aura pas trouvé moyen de donner de ses nouvelles, aura commis une faute, à moins qu'il ne soit mort. Le temps n'est plus où l'on pouvait s'échouer sur une île déserte, et les Pavillons Noirs, dont parle M. Batbie, n'ont pas, pendant cinq ans, gardé de prisonniers.

Il est donc, sinon impossible, au moins tout à fait anormal, même dans les cas, déjà rares, de l'absence, de rencontrer une pareille situation. Et en admettant même que cela puisse se produire, est-ce que nous allons repousser une règle, le plus souvent fort utile parce qu'une fois tous les siècles peut-être elle violera un intérêt particulier ?

Il s'est produit un fait très curieux. Dans notre ancien droit, le divorce n'était jamais admis, il était donc tout naturel et en harmonie complète avec l'ensemble de la législation, que l'époux présent ne pût pas se remarier. D'autant plus qu'à cette époque il pouvait plus souvent arriver, par suite des communications moins faciles, que l'absent eût vainement fait tout ce qui était en son pouvoir pour donner de ses nouvelles sans y avoir réussi. Or, il n'y a pas de doute qu'en fait il était relativement facile au conjoint présent de passer à un second mariage. Cela tenait à des causes multiples, au fonctionnement défectueux de l'état civil, à la tolérance, assez généralement pratiquée, de permettre à une femme de se remarier sans produire l'acte de décès de son premier mari. Nous en avons de nombreuses preuves dans les auteurs et notamment dans un passage bien connu de Henrys qui déplore cet état de choses : « Nonobstant la prohibition de la loi, dit cet auteur, confirmée par les constitutions canoniques, *quæ requirunt certum nuntium*, les femmes ne laissent pas de se remarier après une absence de 2 ou 3 ans, et sur le moindre soupçon que le mari soit mort à la guerre. L'indulgence des juges cause ce désordre, et nous sommes en un siècle où la moindre excuse couvre le vice. Si le mari ne revient pas, la femme demeure impunie, et quoiqu'on le sache vivant on le fait passer pour mort. Il n'est plus de censeur public, et la recherche des crimes ne se fait plus d'office et par zèle de justice (1). »

De nos jours, au contraire, le lien du mariage a été relâché par le divorce que l'on applique parfois un peu à la légère, tandis que la situation du conjoint présent est devenue beaucoup plus dure. Il est bien évident que les registres de l'état civil sont tenus en général de façon très régulière, et qu'il est très difficile d'abuser l'officier de l'état civil qui jamais ne consentira à célébrer un second mariage si on ne lui rapporte pas l'acte de décès du premier époux. Cela deviendra plus difficile encore lorsque la loi du 17 août 1897 aura produit son plein et entier effet et que les mariages seront mentionnés sur les actes de naissance. Il est donc résulté de la marche même des événements, sans

(1) HENRYS, tome II, page 589, liv. IV, question 98. *De la polygamie.* — On trouve dans LEYSER — *Meditationes ad Pandectas,* species 95. vol. II. *De morte absentis probanda,* p. 316 et suiv. — un passage où cet auteur n'hésite pas à trouver naturelle une telle tolérance et même à conseiller d'en user : « Sed, quid faciendum est « conjugi, cœlibem vitam non diutius sustinenti, sed tamen absentis « conjugis mortem probare desperanti ? Sunt qui cum Pontifici (il « est ici question du pape Clément III) patientiam et castitatem, « etiam iis qui pro juvenili œtate, seu fragilitate carnis nequeunt « continere, præcipiunt, vani profecto consolatores, et ipsi forsan, « si in similem calamitatem inciderent, prorsus aliter censuri, atque « impatientissimi futuri. Humanius itaque faciunt qui cum « Carpzovio, in Jurisprudentia ecclesiastica, hoc casu processum « malitiosæ desertionis permittunt. »

que la loi ait été expressément modifiée, que la position du
conjoint présent est devenue en cas d'absence beaucoup
plus dure, en même temps que les cas d'absence vraiment
intéressants et dignes de pitié, ceux qui résultent d'un
malheur, sont devenus presque impossibles pour ne plus
laisser place qu'à des cas de mort non prouvée ou à des
cas d'abandon pur et simple.

Nous pensons donc qu'il serait désirable que la loi admît
le divorce pour cause d'absence. Et certes ce n'est pas la
difficulté de savoir comment on fera la procédure contre
l'absent qui nous arrêtera. On fait bien contre lui la procédure en déclaration d'absence, pourquoi ne pas employer
la même façon de procéder? Nous n'admirons pas outre
mesure les dispositions prises pour assurer la publicité de
la déclaration d'absence, mais ceci est affaire purement
administrative que l'on pourrait facilement modifier. Il nous
semblerait donc très juste que la déclaration d'absence, qui
pourrait être prononcée après un délai moins long que
celui qu'on exige aujourd'hui, après une publicité plus effective, ouvrît à l'époux présent le droit de demander le
divorce, comme il donne aux héritiers présomptifs le droit de
demander l'envoi en possession provisoire; libre au conjoint
de n'en pas user. Mais cela aurait à nos yeux l'avantage très
considérable de ne pas contraindre un homme ou une
femme à rester dans les liens d'une union qui d'ordinaire
n'existe plus que fictivement et se trouve dissoute en réalité.

Ce système serait plus en harmonie avec nos lois et nos
mœurs qui, de moins en moins, encore que ce puisse être
parfois regrettable, envisagent le mariage comme un lien
indissoluble, mais au contraire ont plutôt tendance à le
rapprocher des autres contrats et à le rendre comme eux
résoluble pour inexécution des conditions.

CHAPITRE VIII

Il est enfin une dernière réforme que l'on pourrait souhaiter voir s'introduire plus largement dans notre loi, c'est la déclaration de décès. Nous avons vu que déjà, dans le cas de sinistre maritime, cette déclaration existait chez nous ; il s'agit de déterminer si au bout d'un temps plus ou moins long, on ne pourrait pas considérer l'absence proprement dite, c'est-à-dire l'incertitude absolue comme une preuve suffisante du décès de l'absent. On ignore si l'individu disparu a été victime de quelque accident, s'est trouvé exposé à quelque péril ? mais n'y a-t-il pas lieu de le supposer, puisque toutes les recherches faites à son sujet ont été vaines, et que toutes les invitations à lui adressées de donner de ses nouvelles sont restées sans résultat. Est-il sage de considérer pendant un si long espace de temps la vie de l'absent comme restant incertaine, ainsi que le fait notre Code ? Beaucoup de législateurs ne l'ont pas pensé, et ont admis qu'après un certain nombre d'années, celui qui n'avait pas fait savoir de ses nouvelles devait avoir péri. On n'a de son décès aucune preuve matérielle, aucun témoignage, mais il semble impossible que ce décès n'ait pas eu lieu. C'est ce que décide la loi autrichienne, et c'est aussi la solution admise par le nouveau Code civil allemand. « La déclaration de décès, dit l'article 14, est admissible lorsque, depuis dix ans, aucune nouvelle de l'existence de la personne disparue n'est parvenue ; elle ne peut avoir lieu avant l'expiration de l'année où cette personne aurait accompli sa trente-unième année. La personne disparue qui a accompli sa soixante-dixième année peut être déclarée décédée lorsque, depuis 5 ans, il n'en est parvenu aucune nouvelle. Les délais de 10 et de 5 ans commencent à courir à l'expiration de la dernière année dans laquelle le disparu vivait encore d'après les dernières nouvelles reçues. »

Nous pensons que cette disposition est des plus sages, mais il convient de l'envisager au point de vue spécial que nous avons examiné jusqu'ici. Quel sera l'effet de ce jugement de déclaration de mort au point de vue du mariage de l'absent. Le Code civil allemand autorise le conjoint de l'absent à se remarier, mais cependant nous trouvons dans sa solution une sorte d'embarras. Le jugement semble bien ne pas annuler le mariage de plein droit, le deuxième mariage du conjoint présent a seul cet effet (article 1348, alinéa 2) ; mais ce deuxième mariage, une fois contracté (sauf le cas où les deux époux se trouvent avoir été de mauvaise foi), ne peut plus être rompu par le retour de l'époux absent ; même si le jugement de déclaration de décès était annulé à la suite d'une action judiciaire, le second mariage, célébré avant que le recours fût engagé, serait valable.

Cependant on a voulu ménager les scrupules des consciences, et on a permis aux nouveaux époux, pourvu qu'ils eussent été de bonne foi au moment où il a été célébré, d'attaquer ce second mariage, mais seulement dans le cas où l'absent vit encore. Cette action en nullité, de l'époux remarié et de son nouveau conjoint, doit être exercée dans les six mois à compter du jour où l'époux qui l'intente a eu connaissance de l'existence de celui dont le décès a été déclaré.

Comme on le voit, le Code civil allemand a réglé en détail les cas où le jugement serait rendu à tort et par erreur; il n'en est pas de même de la loi française dans les rares hypothèses où elle admet cette déclaration de décès, et il serait assez curieux de savoir comment on réglerait le cas s'il venait à se présenter. Le second mariage en effet est parfaitement valable puisqu'il s'appuie sur un jugement qui a déclaré le décès ; il n'en est pas moins vrai que ce jugement ne serait pas opposable à l'absent de retour et qu'il pourrait toujours l'attaquer et le faire tomber. Mais nous croyons qu'alors il y aurait simplement lieu de réformer le jugement en ce qu'il aurait réglé les droits pécuniaires de l'absent vis-à-vis de ses héritiers, sans que l'on puisse toucher au nouveau mariage contracté de bonne foi et qui, comme toute union valable, mérite la protection de la loi. Il aurait été préférable cependant que le législateur s'expliquât, comme l'a fait la loi allemande, et nous croyons très bonne la disposition qui permet aux deux époux d'attaquer le nouveau mariage qu'ils viennent de contracter ; il est du devoir du législateur de ménager les scrupules des consciences, les jugeât-il même excessifs. Il n'y aurait aucune difficulté à permettre aux époux de faire tomber ce second mariage qu'ils peuvent considérer, par suite du retour du premier conjoint, comme une bigamie légale.

Il est tout naturel aussi que le deuxième mariage soit nul, dans le cas où il a été contracté de mauvaise foi, et la mauvaise foi pourrait être présumée, si le second mariage avait lieu, lorsque le jugement de déclaration de décès est l'objet d'une voie de recours régulière.

Si l'un des deux époux seulement était de mauvaise foi,

il conviendrait de maintenir le mariage contre lui, c'est-à-dire de ne pas lui accorder l'action en nullité, mais au contraire de la réserver à l'autre époux. Et ici il semble bien qu'on ne pourrait pas donner à celui dont le décès a été déclaré le droit d'attaquer cette seconde union où l'un des époux se trouve être de bonne foi.

Celui dont l'absence a fait présumer et déclarer le décès ne doit pas être préféré à celui qui, légalement, a épousé une veuve. L'homme qui ne remplit pas les obligations qu'il a contractées en se mariant, quelle que soit l'excuse qu'il puisse invoquer pour se défendre, n'en est pas moins dans son tort. Il n'y a peut-être pas de sa faute, tant pis ! Et sans vouloir pousser la comparaison plus loin qu'il ne convient, l'acheteur qui ne paie pas son prix, ne voit-il pas la vente résolue contre lui ? Cependant il a peut-être de bonnes raisons, indépendantes de sa volonté, de ne pouvoir le faire. Peu importe, il ne lui en sera pas tenu compte. Certes, loin de nous l'idée d'assimiler le mariage à un contrat synallagmatique ordinaire ! La seule chose que nous voulions tirer de là, c'est que, étant en face de deux situations également intéressantes, et dignes de protection toutes les deux, il est préférable, nous le pensons, de réputer en faute celui qui, par une disparition prolongée, s'est dérobé, volontairement ou non, aux devoirs que lui imposait son état de mariage.

Telles sont les dispositions qu'il serait intéressant, à notre avis, de faire passer dans notre loi ; quelles que soient les objections qui pourraient être faites à ces réformes, il est

un point sur lequel tout le monde se trouve d'accord, c'est
que notre Code, en matière d'absence, ne constitue plus
qu'un anachronisme. Ses dispositions, bonnes peut-être il
y a cent ans, sont aujourd'hui démodées, et, sur cette partie
beaucoup plus que sur toute autre, notre législation est
aujourd'hui en retard sur le reste de l'Europe.

Vu :

Le Président,
M. PLANIOL.

Vu :

Le Doyen,
GLASSON.

Vu et permis d'imprimer :

Le Vice-Recteur de l'Académie de Paris,
GRÉARD.

TABLE DES MATIÈRES

Pages

SAINT-AMAND (CHER). — IMPRIMERIE BUSSIÈRE.

SAINT-AMAND (CHER). — IMPRIMERIE SCIENTIFIQUE ET LITTÉRAIRE, BUSSIÈRE